우리들의 목소리 1

아시아 페미니즘과 여성 운동의 현장

VOICES FROM ASIAN FEMINIST ACTIVISM

EGEP BOOK 시리즈

우리들의 목소리 1

아시아 페미니즘과 여성 운동의 현장

이화여자대학교 아시아여성학센터 기획 | 장필화 · 이명선 엮음

이화여자대학교출판부

| 책을 펴내며 |

2012년 1월, 이화여자대학교의 글로벌 여성 교육의 나눔 프로그램으로 새롭게 시작한 'Ewha Global Empowerment Program: EGEP'는 공개 모집을 통해 선발한 아시아 여성 NGO 활동가들을 대상으로 하는 여성학 교육 실천 프로그램이다. 매년 1월, 7월 두 차례씩 지난 3년 동안 여섯 번의 프로그램을 거치면서 아프리카 지역까지 확대해 지금까지 37개국 126명의 아시아와 아프리카 여성 운동 활동가들이 이화에서 기숙하며 꼬박 14일간 70시간의 교육 일정을 마치고 돌아갔다.

EGEP의 교육 주제는 '아시아 페미니즘과 초국적 여성 연대Asian Feminisms and Transnational Activism'로 시작되었다. 여기서 '아시아 페미니즘'은 아시아여성학센터가 지난 20여 년간 아시아 여성학 지식 생산과 연구 교류의 축적 결과 만들어 낸 EGEP 교육의 이론적 토대이자 관점이다. 아시아 페미니즘은 지구적 페미니즘과 상반되는 지역적 페미니즘을 의미하는 것이라기보다 기존 페미니즘의 서구 중심성과 위계를 비판하는 대항 담론과 가치를 지향한다. 즉, 아시아 페미니즘은 상대적으로 서구의 시선에 의해 주변화, 타자화되어 온 아시아 여성들이 스스로의 경험과 목소리를 드러내고 주체가 되는 여성주의 정치학의 현장이자 실천의 공간을 의미한다. 아시아 페미니즘의 개념은 여성이 가부장제 사회나 서구의 여성주의자들에 의해 재현된 피해자 혹은 가부장적 억압의 희생자로서가 아니라 변화를 만드는 주체, 여성주의 지식과 실천을 생산하는 주체로서 여성의 행위성과 주체성을 강조한다. 다시 말해, 아시아 페미니즘은 단순히 지역성에 근거한 페미니즘이 아니라 기존의 타자화되고 대상화되어 온 여성 주체의 행위성을 불러내는 여성주의 관점이며 이론이다(Chang, 2008; Lee, 2008; Kim, 2010).[1]

아시아 페미니즘은 여성들 간의 지역적 · 문화적 · 역사적으로 본질적이거나 보편적인 토대나 공통점을 요구하거나 전제하지 않으며, 오히려 다양하고 구체적인 삶의 현장 속에서 나타나는 여성들 간의 다양성과 차이를 중요하게 고려한다. 그런 점에서 아시아 페미니즘의 개념은 초국적 페미니즘과 여성 연대의 가능성을 담보한다. 이주, 환경, 평화, 인권, 노동, 빈곤 등 사회 문제들은 여성에 대한 차별과 폭력, 인신 매매, 정치 · 경제적 영역에서의 성 불평등, 소위 젠더 문제와 교차하거나 상호 밀접하게 연관되어 있다. 아울러 급속히 진행되는 세계화 속에서 여성의 문제는 지역의 문제를 넘어서 전 지구적으로 밀접하게 연결되어 있거나 상호 영향을 미치게 되었다. 초국적 여성 연대란 서로 간의 차이를 인정하고 이 차이에 대한 이해와 공감에 기반을 두되, 서로 간의 연결과 상호적인 연관에 기반을 두고 국가들 간의 경계를 넘어선 여성주의 공동체의

---

1 Chang, Pilwha(2008), "Feminist Consciousness and Women's Education: The Case of Women's Studies, Ewha Womans University," *Asian Journal of Women's Studies*, 14(2): 7-29; Lee, Sang Wha(2008), "Conceptualizing 'the Asian' and Asian Women's Studies," *Asian Journal of Women's Studies*, 14(2): 28-53; Kim, Eun-Shil(2010), "The Politics of Institutionalizing Feminist Knowledge: Discussing 'Asian Women's Studies' in South Korea," *Asian Journal of Women's Studies*, 16(2): 7-34.

형성과 연대를 지향한다(Lee, 2014).[2]

이 책의 글쓴이들, EGEP에 모인 아시아 여성 활동가들을 보더라도 서로 다른 삶의 조건, 사회 · 문화 · 경제 · 정치적으로 다른 맥락에 있는 이질적인 존재들이다. 보수적인 아시아 공간에서 성 소수자 운동을 하는 활동가, 빈곤 문제를 주거권으로 접근하는 활동가, 인도의 경우 카스트 제도 아래서 불가촉천민들의 삶을 위한 여성 운동을 하는 활동가, 또한 스리랑카와 네팔의 경우 재난 문제를 중요한 이슈로 여기는 활동가, 필리핀의 태풍 재난 이후에 나타난 여성에 대한 폭력을 보고하고 상처 입은 여성들 안에서 필리핀의 미래를 희망적으로 긍정하는 활동가, 여성의 월경 기간을 종교적으로 부정한 것으로 간주하여 차별하는 제도에 저항하는 활동가, 다민족 국가인 버마에서 차별당하는 카친족의 저항에 참여하고 있는 활동가, 공산주의 안에서 나타난 국가 주도적인 여성 운동을 비판하고 신자유주의 전략으로 인해 또다시 가속화되고 있는 중국 안에서 나타나는 여성 차별의 문제를 고민하는 활동가, 한국의 청소년 성교육에 대한 새로운 접근을 고민하고 있는 활동가, 그리고 방글라데시의 기아 문제를 해결하기 위해 조혼 철폐 운동을 하는 활동가, 기아 문제를 식량 주권의 문제로 접근하는 활동가들의 이야기를 모아 놓았다.

이 책은 EGEP 1기부터 5기까지 참가했던 아시아 여성 운동 활동가들의 이야기들 가운데 몇 편을 모아 우리말로 담아낸 것이다. 여기에 모은 글들의 영문판은 아시아여성학센터에서 발간하는 국제 여성학 학술지 *Asian Journal of Women's Studies*의 새로운 코너 Voices from Asian Feminist Activism(Vol.19 No.1~Vol.20 No.1)에 게재되었다. 이 책의 제목

2 Lee, Myoung Sun(2014), "Asian Feminist Pedagogy and Women's Empowerment: A Preliminary Analysis of EGEP," *Asian Journal of Women's Studies*, 20(2): 7-33.

도 그래서 『우리들의 목소리 1: 아시아 페미니즘과 여성 운동의 현장』으로 지었다.

여기에 9개국 14명의 여성 활동가의 원고를 싣는다. 여성 운동, 여성 인권, 여성과 환경, 젠더와 재해, 섹슈얼리티, 이주 등 현재 글로벌 시대의 현안이 되고 있는 분야를 아시아 각 지역의 맥락 속에서 자신들의 생생한 현장 경험의 증언과 함께 다루고 있는 이 책은 모두 4부, 14장으로 이루어져 있다.

제1부 '가부장제와 섹슈얼리티'에는 4편의 글을 실었다.

1장에서는 방글라데시 사회에 만연한 아동 결혼의 현황에 대해 고발한다. 특히 아동 결혼은 '영양 실조의 악순환'으로 이어져 국가 발전에까지 영향을 미친다. 저자 카지 리베야 아미는 이러한 아동 결혼을 방지하기 위한 조직에서 활동하며, 지역 사회 차원의 아동 결혼 방지 캠페인을 전개하면서 주민들의 의식을 고취하는 자신의 이야기를 우리에게 들려준다.

2장에서는 결혼 이주 여성 중심의 다문화 사회에 도래한 한국에서 비가시화되었던 아시아 출신 외국인 남성과 결혼한 한국 여성들이 겪는 이중 소외에 대해 소개한다. 저자 정주영은 아시아 출신 외국인 남성과 결혼한 한국 여성으로서 자신이 겪었던 소외의 경험과 이를 극복하고자 하는 활동에 대해 소개한다.

3장에서는 네팔의 여성 차별 전통에 대해 다루고 있다. 파슈파티 쿤와르는 월경 기간 중의 여성들을 격리하는 차우파디라는 네팔 사회 특유의 전통을 타파하기 위한 사마비카스 네팔의 활약상에 대해 이야기한다. 저자 또한 차우파디의 경험자였으며 여전히 현실은 갈 길이 멀지만 그럼에도 불구하고 저자는 차우파디 타파 운동을 통해 많은 성과를 이룩할 수 있었다.

4장에서는 1960년대부터 시작된 이슬람 사회인 인도네시아에서의 성 소수자 운동의 역사를 소개한다. 특히 1980년대, 1990년대에 들어서 인도네시아 성 소수자 운동은 AIDS 문제, 여권 운동 등의 어젠다를 갖고 활동했으나 연대하기보다는 각자 활동했다. 그러나 2010년대에 들어 이슬람 근본주의자들의 성 소수자 운동에 대한 공격은 이들로 하여금 연대하고, 더 나아가 인권 침해 활동에 대한 기록과 고발 작업을 하도록 했다. 특히 저자는 이슬람 인도네시아 사회에서 소수자인 중국계 인도네시아 여성으로서의 위치와 경험을 통해 이 문제를 풀어가고 있다.

제2부 '여성 인권과 노동'에는 3편의 글을 실었다.

5장에서는 최근에야 오랜 군부 독재에서 벗어나 민주화의 길을 걷고 있는 버마(미얀마)에서의 정치적 혼란 속에서 버마 내 소수민족 중 하나인 카친족 출신인 잉 르윈이 카친 여성들이 겪는 내전과 인권 침해의 고통과 그에 대항하는 여성들의 투쟁을 이야기한다. 특히 접경 지역에서의 난민 문제, 카친족 여성에 대한 인신 매매와 같은 구체적인 사례 속에서 카친족 여성들 스스로 극복해 나가고, 이러한 굴곡진 현대 버마 역사 속에서의 역사를 기록하는 모습을 보여 준다.

주거권은 국제기구와 각 국가의 법에 명시되어 있음에도 불구하고 실제로는 잘 지켜지지 않고 있다. 필리핀의 마리아 크리스티나 후라도는 6장에서 필리핀 마닐라 빈민 공동체에서의 주거권 침해에서 자신이 여성들을 조직화하여 주거 보장과 토지 임대를 위해 쌓았던 경험을 들려줌으로써 여성과 환경에서 일어날 수 있는 침해와 그에 대한 저항의 모습을 드러내고 있다.

2004년 스리랑카를 강타한 쓰나미가 자연재해였다면 2013년 방글라데시에서 일어난 라나 플라자 참사는 인재인 동시에 여성의 경제 활동에 대한 의문을 제기하게 한 사건이다. 7장에서 샤미마 악테르는 라나 플라자 참사의 여성 피해자들이 의류공장 취직으로 얻은 경제력이 실제로는 젠더 차별과 강제 노동을 겪게 만들었으며, 이 참사와 같은 인재를 겪으면서 얻게 된 장애와 트라우마에 항시 노출되어 있음을 지적함으로써 여성의 경제력 강화의 의미가 무엇인지를 다시 묻고 있다.

제3부 '재난과 여성 임파워먼트'에는 3편의 글을 실었다.

2004년 말 스리랑카를 강타한 쓰나미는 여성이 얼마나 재난에 취약한지를 보여 준 명백한 예였다. 스리랑카 출신의 사랑가 섭하쉬나 자야라딘은 8장에서 이러한 점을 지적하면서 여성들이 재난 관리 사이클의 모든 단계에 참여할 것을 주장한다. 젠더가 고려되지 않은 재난 관리 체계는 여성의 재난을 악화시키며, 이를 극복하기 위해서는 여성을 연약한 존재, 재난의 피해자로서만 바라보는 시각이 변해야 한다. 또한 저자는 환경에 대한 여성의 지식을 신뢰하고 그들의 생활 패턴을 존중하는 동시에, 재난 관리와 여성의 역량 강화는 소외와 부정적 영향을 최소화하기 위해 어릴 때부터 시작되어야 한다고 말한다.

여성과 재난의 문제는 2013년 11월 필리핀을 강타한 태풍 하이옌에서도 여실히 드러났다. 9장에서 크리스틴 아키노 발레리오는 특히 하이옌이 여성과 소녀들의 재생산 건강과 권리에 끼친 영향과 이를 극복하기 위해 필리핀가족계획기구가 마련한 미니 서비스 패키지의 보급에 대해 이야기하면서 자연 재난이 야기한 차별과 폭력에 취약한 여성들의 재생산 건강권 확보와 보호를 위해 여성들 스스로 단결할 것을 촉구한다.

10장에서 칼파나 에리알은 재해가 빈번한 네팔의 현실과 여성들이 문맹, 빈곤 등 다양한 이유로 인해 재난 발생 시 가장 취약한 집단임을 지적한다. 그러나 저자는 지역 사회 여성들을 위한 여성역량강화센터를 설립하여 여성들이 재난 위험 경감과 기후 변화 대응에서의 리더십을 강화하는 프로젝트를 진행했으며, 이에 따른 성과에 대해 이야기하고 있다.

제4부 '대안 페미니즘 운동'에는 4편의 글을 실었다.

11장에서 인도네시아의 하유 파트리아는 자신이 꾸려나가는 지역 기반(로컬) 식용 야생 식물 이용을 통해 식량 주권을 위해 힘쓰는 조직 만타사의 사례를 통해 오늘날 글로벌 신자유주의 시대에 위협받고 있는 식량 주권이 어떻게 여성들에 의해 지켜질 수 있는지를 보여 준다. 특히 생물다양성이 큰 나라 중 한 곳인 동시에 영양 실조가 만연한 국가이기도 한 인도네시아의 상황에서 만타사의 성공적인 사례는 식량 주권 확보의 한 예일 뿐 아니라 인류 역사에서 로컬 지식의 생산과 전달을 책임졌던 여성들의 역할을 통한 대안을 제시하고 있다.

인도의 달리트(불가촉천민) 출신인 베다나야기 푸슈파라지는 인도 남부 타밀나두 벨로르 지역에서 센드랄 운동을 전개하고 있다. 12장에서 그녀는 인도 경제 발전이라는 미명 하에 농업이 쇠퇴하는 과정에서 여성들이 겪는 억압을 식량 생산에서 여성의 중요성을 설파하는 애그로 페미니즘의 실천을 통해 극복하고자 하는 자신의 활동 경험을 나눈다.

13장에서는 급변하는 정세 속에서 새로운 시대에 맞춰 중국 내 여성 운동을 어떻게 재활성화, 재전략화, 재정치화할 것인가 하는 문제를 다루고 있다. 카이 이핑은 1995년 베이징 세계여성회의와 1990년대 중국 여성 운동에 참여한 젊은 페미니스트로서 자신의 경험을 이 글에서 풀어내면서 현재 중국 여성 운동을 진단하고 미래의 방향은 어떻게 되어야 할 것인가를 고민하고 있다.

14장에서는 1990년대 이래로 청소년들이 성적(性的) 실천의 주체로 등장하면서 한국 사회에서 청소년 성교육의 필요성이 대두되고 있는 현실과 그에 대한 대책에 대해 다룬다. 특히 이목소희는 청소년 성교육과 관련된 자신의 현장 활동의 경험 속에서 한국 사회의 성인지적 성교육이 나아가야 할 방향을 제시한다.

이 책의 저자들인 아시아의 젊은 NGO 여성 활동가들은 풍부한 다양성을 특징으로 하는 아시아에서 젠더와 환경, 개발, 이주, 재난의 다양한 분야에 걸쳐 이루어지는 다채로운 형태의 여성주의 활동상을 보고하고 있다. 이들의 생생한 현장 목소리는 이제까지 우리가 듣지 못했던, 아시아라는 지역적 범주의 공통성에도 불구하고 각각의 역사, 문화적 배경이 다른 아시아 곳곳에서 일어나는 여성 문제와 이를 해결하기 위해 헌신하는 여성 활동가들의 이야기를 들려준다. 이는 또한 한국이라는 사회를 넘어서 아시아에서 여성의 문제란 무엇인가를 생각하게 하며, 기존 서구 가부장제적 지식 생산을 비판하고, 이에 대한 대안으로서의 아시아 여성학을 구축하기 위한 하나의 축으로서 현장에서의 다양한 경험 활동을 통한 여성 연대의 증거이기도 하다.

우리는 EGEP에 참가한 아시아의 여성 운동 활동가들의 만남과 이야기를 통해 차이의 공간, 상상력의 공간, 그리고 창조의 공간을 꿈꾸고 있다. 즉, 차이들이 만나질 때 믿어 왔던 관습과 신념이 무너지는 공간이 되고, 새로운 것을 상상할 수 있는 공간이 된다. 그리고 여기에서 끝나지 않고 새로운 상상에 근거한 변화와 변혁의 창조 공간이 되는 것이다. 풍요로운 상상력의 공간이 아시아 여성 운동의 공간이다. 이들은 각자의 문제를 가지고 왔지만 서로 다른 낯선 여성들을 만나면서 자신들의 좁은 시각을 무너뜨렸고 그 너머의 다른 세계를 꿈꾸기 시작했다. 구체적으로 그것을 실현하기 위해 다른 세계를 상상한 이들의 새로운 전략과 이해를 이제 여러분과 공유하고자 한다.

우리가 EGEP에서 만난 활동가들의 목소리는 뜨겁고 진지하고 생생했지만 막상 글쓰기에 익숙하지 않은 활동가들의 이야기는 쉽게 나오지 않았다. 짧은 호흡으로라도 그들이 몸담고 있는 현장의 이야기를 가까이 전하고자 했지만 충분히 담지 못한 아쉬움도 남아 있다. 다만 이렇게 책으로 꾸려내는 과정 자체가 우리 모두에게 새로운 작업이고 함께하는 훈련의 과정임을 알기에 여기에 다 담지 못한 '우리들의 목소리'는 다음 책으로 계속 이어지리라 기대한다.

이 책은 분명히 EGEP 교육의 중요한 한 열매이다. 지금까지 열정적으로 EGEP 교육을 담당해 온 아시아여성학센터 이명선 특임교수와 김나연, 이소정, 이은희, 김효정 연구원을 비롯하여 EGEP 출판 기획과 진행을 맡아 준 노지은 수석연구원, AJWS 저널의 아일린 박 전임연구위원 모두에게 감사의 마음을 전한다. 그리고 이 책이 나오기까지 번역을 맡아 준 엄연수 번역자와 이현정 감수자, 그리고 14명의 저자들 사이에서 부지런히 오가며 원고를 수정하고 편집해 준 우춘희, 노선이, 이미경 연구원의 도움이 컸다. 또한 출판을 맡아 준 이화여자대학교출판부에 감사드리며, 끝으로 무엇보다 EGEP를 만들고 키워 온 본교의 지원과 격려에 깊은 감사를 드린다.

2015년 1월

이화여자대학교 아시아여성학센터 소장

장필화

| 차례 |

제3부

재난과 여성 임파워먼트

제4부

대안 페미니즘 운동

제1부

가부장제와 섹슈얼리티

1 방글라데시의 아동 결혼 폐지 운동

카지 라베야 아미

개요

강건한 나라를 만들려면, 아동을 위한 환경이 그들에게 알맞아야 한다. 유엔아동권리협약CRC에 따르면, 18세까지는 신체적 · 생리적 · 정신적 성장이 다 이루어지지 않기 때문에 아동으로 여겨야 한다. 그러나 방글라데시 인구 통계와 보건 조사에 따르면, 방글라데시 소녀들의 평균 결혼 연령이 16.4세이다. 이는 소녀들이 성장을 끝마치기도 전에 결혼을 하고 1~2년 내로 두 아이의 엄마가 됨을 뜻한다. 즉, 그들은 성숙하지 못한 자궁으로 출산하며 아이도 충분한 영양을 공급받지 못할 것이 분명하다. 태어난 아이가 딸이면, 그 아이도 채 성장을 마치기 전에 결혼하게 될 것이며, 이렇게 '영양 실조의 악순환'은 이어진다. 이런 방식으로 아동 결혼은 온 나라를 영양 실조란 끔찍한 저주에 빠뜨린다. 국가의 번영을 바란다면, 우리는 아동 결혼을 방지해야 한다. 아동 결혼을 막는 국제법과 국내법이 있지만 실제로 제대로 집행되지는 않는다. 이 글에서는 이러한 상황과 방글라데시 아동 결혼의 폐해를 고찰하고자 한다. 지역 사회 개발 커뮤니티가 아동 결혼을 줄이기 위해 방글라데시에서 활동하고 있다. 그와 같은 단체로 방글라데시 기아 프로젝트The Hunger Project, Bangladesh가 있다. 이 조직을 통해 전국적으로 10만 명 넘는 자원봉사자가 활동하고 있다. 이들은 마을 차원에서 아동 결혼을 방지하기 위해 마당 모임을 주최하고 주민들을 움직여서 캠페인을 펼친다.

서론

방글라데시의 메헤르푸르Meherpur 지역에 사는 10세의 리마Rima는 "나를 괴롭히는 못된 사내아이들 때문에 학교를 그만두어야 하는 것은 아닌지 걱정"이라고 말한다. 리마는 이웃 마을에 있는 공립 초등학교 4학년인데, 몇몇 못된 사내아이들이 등하굣길에 리마를 심하게 놀린다. 그녀는 사내아이들의 짓궂은 농담을 무시하고 계속 학교를 다니려 한다. "우리 아빠가 그 남자 아이들에 대해 알게 되면, 학교를 못 다니게 할까 봐 겁나요. 난 학교 가는 게 참 좋고 친구들도 좋단 말이에요. 그래서 그 사내아이들에 대해 아무한테도 말하지 않았어요"라고 리마는 말한다. 이런 문제를 가진 소녀는 리마만이 아니다. 그리고 이는 방글라데시의 높은 아동 결혼의 비율과도 부분적으로 연결되어 있으며, 18세 이전에 결혼하는 소녀들이 68.7%에 달한다(*The Guardian*, 2013).

방글라데시는 9개월에 걸친 독립전쟁을 치른 후에, 1971년 독립국가로 출범했다. 방글라데시는 총 147,570km^{2}의 면적을 지닌, 세계에서 가장 큰 삼각주 중의 하나이다. 여러 종교가 한데 어우러진 방글라데시는 1억 4232만 인구를 가진, 세계에서 인구 밀도가 가장 높은 나라이기도 하다. 인구 대다수(88% 이상)가 무슬림이며, 98 % 이상이 벵골어를 사용하지만 영어가 통용된다. 적극적인 동맹국으로서, 방글라데시는 국제 포럼과 지역 포럼에서, 특히 유엔UN, 커먼웰스Commonwealth, 남아시아지역협력연합SAARC에서 중요한 역할을 한다.

인구의 거의 절반이 하루 1달러 미만으로 생활할 만큼 방글라데시는 가난하다. 다른 곳과 마찬가지로, 방글라데시도 젠더 불평등이 사회 구조에 깊게 스며 있다. 가부장적 통제는 흔하며, 여성의 역할이란 전통적으로 딸, 아내, 어머니로 국한되어 있다. 모든 분야에서 방글라데시 여성은 취약하다. 그들은 인종, 민족, 문화, 종교, 사회, 경제적 계급 구분 때문에 인권을 누리지 못한다. 한마디로 가정에서부터 의회에 이르기까지 여성은 차별받고 있다. 종교도 여성의 지위를 떨어뜨리는 매우 부정적인 역할을 한다. 여성의 경제 기여는 상당하지만 대부분 무시되고 있다. 방글라데시에서 아들은 가족의 미래를 책임질 것으로 기대되는 반면 딸은 결혼해서 떠날 거라고들 생각한다. 그러니 가난한 가정에서 딸의 건강과 교육에 투자를 하겠는가? 아이를 부양하기 힘들 때, 어린 딸을 결혼시키면 경제적 부담을 덜 수 있다. 또한 어렸을 때 결혼을 하면, 시집에 더 복종하게 되고 가임기를 최대한 활용할 수 있다.

유엔인구기금UNFPA의 국제가족계획연맹의 연구는 아동 결혼을 "소녀가 신체적, 생리적, 정신적으로 결혼과 출산의 책임을 짊어질 준비가 되는 18세 이전에 이루어진 결혼"으로 규정했다(International Planned Parenthood Federation, 2005: 7). 유엔은 18세 미만을 아동으로 규정하고, 아동은 미성숙하고 판단 능력이 부족하기 때문에 18세까지는 결혼 결정을 할 수 없다고 선언했다. 방글라데시에서 아동 결혼은 불법이지만 방글라데시는 세계에서 아동 결혼 비율이 제일 높은 나라 중의 하나이다. 유엔아동기금UNICEF의 통계에 따르면, 방글라데시의 아동 결혼 비율은 남아시아에서 가장 높으며, 세계에서는 네 번째로 높다. 아동 결혼 또는 조기 결혼은 소녀들의 인권 유린이다. 물론 소년들도 영향을 받지만 소녀들이 받는 영향이 훨씬 크다. 이 관습은 여성차별철폐협약CEDAW 등 방글라데시가 조인한 유엔 인권협약들과 상충할 뿐만 아니라 다른 많은 조약도 위반하는 것이다.

여자 아이가 결혼을 하면 학교 자퇴, 산모 건강에 악영향, 성병 감염, 유아 사망, 폭력, 학대, 문맹, 고립, 정신적 트라우마 등과 같은 문제들이 발생한다. 10대 소녀들은 미숙아를 낳을 확률이 더 크며, 유엔아동기금에 따르면 산모가 20대인 경우보다 미숙아의 생존율도 훨씬 낮다. 마찬가지로 산모 사망률도 두 배로 높다(산모가 15세 미만일 경우에는 다섯 배로 높다). 아동 사망률 감소와 산모 건강 증진이란 두 개의 목표가 포함된, 세계가 동의한 새천년 개발 목표를 향해 방글라데시가 나아가는 데 아동 결혼이 걸림돌이 되고 있다. 아동 결혼은 계속 일어나고 있으며, 이중 차별을 당하는 소녀들의 생각과 요구는 고려되지 않는다. 여성으로서, 그들은 여성의 목숨을 하찮게 여기는 부정적인 태도와 생각 때문에 피해를 입는다. 아동으로서 그들은 나이 때문에 가정과 지역 사회에서 낮은 지위를 갖는다.

결과적으로, 아동 결혼은 정책 입안자와 인권운동가에게 중요 관심 사안이 되었다. 개발도상국 정부에, 승낙 연령 이전에 딸을 시집보내려는 부모들에게 법적 승인을 해 주지 말라는 압력은 점점 더 거세지고 있다. '아동 보호'와 승낙연령법age of consent laws 지지자들은 부모가 결혼을 늦추도록 강제하면, 여성의 교육 성취와 출산 조절을 향상시키고, 가정 폭력은 줄일 수 있을 것이라 주장한다. 같은 이유로, 소녀에게 주는 장학금과 같은 사회 프로그램은 그 관습을 막기 위한 노력의 일환으로 일찍 결혼한 소녀들을 배제하는 자격 규정을 두고 있다.

아동 결혼의 원인

부모들은 가난, 사회 불안, 미신, 인식의 부족, 혼외 성관계에 대한 두려움, 교육의 결핍, 일자리 부족과 같은 이유들로 일찍 딸을 시집보내려고 한다. 아동 결혼의 높은 비율에는 방글라데시의 전통적인 관습과 규범도 한몫 한다. 방글라데시는 가부장적이고 불평등한 사회이다. 이에 더해 빈곤도 아동 결혼의 주요 원인이다. 경제적으로 하위 20% 가구의

아동 결혼 방지를 위한 의식 향상 캠페인

소녀들이 상위 20% 가구의 소녀들보다 훨씬 더 어린 나이에 결혼한다. 딸은 가족의 경제적 부담으로 여겨지기 때문에, 다른 집안의 나이 많은 남성과 결혼하는 것이 경제적 안정을 도모하는 생계 전략이 되기도 한다. 게다가 일찍 딸을 시집보내면 신부 지참금을 조금 내도 된다. 불법이기는 하나, 신부 가족이 신랑 가족에게 목돈을 주는 신부 지참금 관행은 대개 신부 지참금을 조금만 요구하는 어린 소녀들의 결혼을 부추긴다. 그러나 신부 지참금은 결혼식 이후에도 계속 요구할 수 있으며, 지불할 형편이 안 되는 가정 출신의 신부는 폭력을 당하기도 한다. 방글라데시 아동 결혼의 또 다른 근본 원인으로 어린 딸이 성희롱을 당할까 하는 두려움을 들 수 있다. 즉, 아동 결혼은 안전하지 못한 환경으로부터 소녀의 섹슈얼리티를 '보호'하는 한 방편으로 여겨지는 것이다.

아동 결혼의 영향

아동 결혼은 소녀들의 건강과 발달에 악영향을 주는 것으로 알려져 있다. 유엔인구기금에 따르면, 결혼한 청소년기 여성들은 대개 배우자보다 훨씬 어리며 사회적으로 고립되어 제한된 사회 지원밖에 받지 못하고, 교육 기회가 거의 없거나 학교 교육을 전혀 받지 못한다. 그들은 임신하라는 압력에 시달리며, 이는 산모와 유아 사망률을 증가시킨다. 그들은 인간면역결핍바이러스HIV와 다른 성병에도 취약하며, 이동의 자유가 제한되고, 현대 미디어를 거의 접하지 못하며, 노동 시장에서 생존할 수 있는 기술도 없다(UNFPA , 2005).

교육

소녀 가족들은 아내의 주요 임무는 가정과 아이들을 돌보는 것이라 생각한다. 학교 교육을 받지 못하면, 소녀들은 자신과 가족을 위해 더 나은 생계를 마련할 수 있는 기술 습득의 기회를 갖지 못한다. 초등 교육을 마친 여성은 교육을 받지 못한 여성보다 어린 나이에 결혼할 확률이 현격히 낮다. 아동 결혼을 하면 소녀들은 학교를 중퇴하게 되고 사회와 상호작용할 기회는 줄어들게 된다. 청소년기 여성 중 45%만이 중학교에 입학하는데, 매일 학교에 다니는 수는 그보다 훨씬 적다. 새신부는 시집에서 일해야 하므로 아동 가사 노동자와 같은 처지이다. 따라서 소녀들은 기술을 배우지 못하고, 노동 시장에 들어가지 못한다. 그 결과 그들의 사회적 지위는 더욱 낮아지고, 이동성은 제한되며, 젊은 여성들이 주체성, 이동의 자유, 권력을 갖지 못하는 사회가 된다.

건강

결혼한 청소년기 여성들은 대부분 일찍 학교를 그만두므로 기본적인 생식 보건 문제에 무지하다. 결혼한 소녀들이 많은데도, 정책과 프로그램은 HIV에 대한 그들의 취약성이나 다른 생식 보건 요구를 제대로 다루지 못했다. 우선, 결혼한 어린 소녀들은 임신하라는 강한 압력을 받는다. 실제로, 15세에서 19세 사이의 방글라데시 10대 소녀들의 3분의 1이 아이 엄마이거나 임신 중이라고 한다. 조기 임신은 건강을 크게 해친다고 알려져 있다. 첫째, 어린 엄마들은 아직도 성장 중이며 산모 사망률도 훨씬 높다. 10대 산모들이 출산 중 사망할 확률은 그보다 나이 많은 산모들보다 두 배나 높다. 둘째, 14세 이하의 어린 엄마에게서 태어난 아이는 20세 이상의 엄마에게서 태어난 아이보다 사망률이 다섯 배나 높다 (UNFPA, 2005). 어린 아내들은 자율성 또는 이동의 자유가 제한되기도 한다. 이런 이유로, 그리고 거리나 비용 때문에, 배우자나 시집의 허락을 받아야 하기 때문에 그들은 건강 관리를 받기가 쉽지 않다. 이 같은 장애물이 산모 사망과 소녀 임신부의 질병률을 증가시킨다.

학대

가정 폭력도 일찍 결혼한 소녀들이 더 많이 겪는다(Jenson & Thornton, 2003). 어린 나이에 결혼한 여성은 매를 맞거나 협박당하기 쉬우며, 남편이 아내를 때리는 게 당연하다고 생각하는 경우도 더 많았다. 이에 더해, 결혼을 거부하거나 부모의 반대를 무릅쓰고 배우자를 정한 어린이들은 체벌을 받거나 심지어 '명예'를 위해 가족에 의해 살해되기도 한다. 합의한 성관계든 강간이든, 미혼인 딸이 임신을 하면 가족은 사회적 망신을 당하지 않기 위해 아동 결혼을 고려하기도 한다. 전체적으로 볼 때, 아동 결혼은 불평등한 사회를 유지시키며, 여성의 취약성, 무력감, 무용성을 증가시키고, 개인의 발전과 심리 발달을 제한하며 건강을 위협한다.

아동 결혼 방지를 위한 법 제정

방글라데시에서 합법적인 결혼 연령은 남성은 21세, 여성은 18세이다. 이것은 1929년 국가 아동결혼규제법Child Marriage Restraint Act에서 정한 것이다. 의회는 2013년 6월 16일에 2013 아동법Child Bill을 통과시켰으며, 같은 해 6월 20일, 관보를 통해 그 내용을 공개했다. 새 법은 유엔아동권리협약에 맞춘 것으로 서문에서 이 협약을 언급했으며, 1974 아동법을 대신한다. 그러나 당국은 아동 결혼을 막으려 하지 않으며 부모들은 계속해서 몰래 딸을 시집보내고 있다. 이 법이 제정되었음에도 불구하고, 방글라데시 인구 통계와 보건 조사에 따르면, 소녀들의 평균 결혼 연령이 16.4세이다(IRIN, 2009).

국제적으로, 아동 결혼을 금하는 몇 가지 법적 장치가 있다. 1948년 세계인권선언Universal Declaration of Human Rights에서 결혼은 "배우자가 될 사람의 자유롭고 완전한 동의가 있을 때에만" 할 수 있는 것이라 선언했다(UN, 2013). 이 밖에도, 1979년 여성차별철폐협약CEDAW은 일반 권고 21조에서 결혼 최저 연령을 18세로 규정함으로써 아동 결혼을 금했다. 방글라데시는 1984년에 여성차별철폐협약뿐만 아니라 1998년 혼인의 동의, 혼인을 위한 최소 연령 및 혼인 신고에 관한 유엔협약에도 가입했다. 이 협약에 따르면, 조인국 정부는 결혼하려는 두 당사자의 동의를 받아야 하고 합법적인 결혼 최저 연령을 정해야 한다. 이런 규정에도 불구하고, 방글라데시는 "여러 다양한 종교 집단의 개별 법률들"과 충돌한다고 여겨지는 문제들은 유보하고서 이 협약들에 조인한 것이다.

아동 결혼을 줄이기 위한 전략

2012년 초, 방글라데시의 수상 셰이크 하시나Sheikh Hasina는 아동 결혼을 근절하기 위해 기존 법을 강화하겠다고 선언했다. 일부 반대자들은, 어린아이였던 아이샤와 결혼한 선지자 마호메트의 예를 들면서, 이런 움직임은 반反이슬람적이라 말한다. 전통적인 신념 체계를 바꾸는 것은 어렵지만, 종교적인 이유로 아동 결혼을 지지하는 이들은 경전을 잘못 이해한 것이다. 방글라데시의 많은 정치가는 이 관습을 중단시키기 위한 국제적 노력을 지지한다.

최근 방글라데시에서는 아동 결혼이란 유해한 관습을 규제하기 위해 의미 있는 제도들이 생겨났다. 먼저, 1994년도에 여성 장학금 프로그램Female Stipend Program이 시작되었다. 이 프로그램은 출석 일수의 75%를 채우고 학년말 성적이 45점 이상인, 중학교에 다니는 11세에서 14세 사이의 소녀들에게 주는 장학금이다. 이 장학금을 받으려면, 중학교 졸업장을 받을 때까지 또는 18세가 될 때까지 결혼해서는 안 된다. 이 제도는 결혼과 임신을 늦출 뿐만 아니라 어린 여성들의 노동 시장 참여를 늘리는 데도 효과적이었다. 방글라데시의 여자 중학생 수는 1995년에는 겨우 110만 명이었으나, 이 제도 덕에 2005년에는 390만 명으로 늘어났다. 이 밖에도, 세계은행World Bank 보고서는 13세에서 15세 사이의 결혼한 소녀들의 비율이 29%에서 14%로 떨어졌으며, 16세에서 19세 사이의 결혼한 소녀들의 비율도 72%에서 65%로 줄어들었으므로, 결혼을 늦추는 데 이 장학금 제도의 효과가 상당했음을 시사한다.

방글라데시 기아 프로젝트의 활동

대다수 여성은 차별과 박탈의 희생자들이다. '방글라데시 기아 프로젝트'는 배고픔 없는 세상을 만드는 데 여성들이 가장 중요하다고 굳게 믿는다. 여성의 역량을 강화하고자 다양한 워크숍과 개발을 위한 기술 교육이 그들의 사고 방식, 신념, 의식을 변화시키기 위해 마련되었다. 이런 교육과 워크숍을 통해, 우리는 여성을 의식화하고 개발시키며 조직화하고자 한다. 그 결과 풀뿌리 여성 단체에서 새로운 세대의 리더십(말하자면, 젊은 여성 리더들)이 등장했다. 이 새로운 리더들은 지역 단위로 아동 결혼, 가정 폭력, 성폭력을 반대하는 캠페인을 벌이며 시위를 한다. 기아 프로젝트는 여자 아이의 미래가 방글라데시의 미래라고 본다. 사회적 박탈감에서 소녀들을 보호하고 더 많은 투자를 확보하기 위해, 기아 프로젝트는 전국 칸야 쉬수(여자 아이) 옹호 포럼National Kanya Shisu Advocacy Forum을 만들 계획에 착수했다. 현재 400명의 회원을 가지고 있다. 방글라데시 기아 프로젝트의 중요 안건 중 하나가 아동 결혼 방지이다. 이 단체는 좀 더 공정한 사회를 만들기 위해 방글라데시 전역에서 활동하는 10만 자원봉사자의 네트워크를 가지고 있다.

파브나Pabna 군郡 수자나가르Sujanagar 면面 두라이Dulai 리里에서 기아 프로젝트의 젊은 활동가들이 건강과 아동 결혼의 영향에 대한 포스터로 뒤덮인 양철 창고에 모이면서 이 운동은 시작되었다. "결혼을 막으려 할 때마다 우리는 가정을 방문해 그 폐해에 대해 말한다. 그리고는 마을 연장자에게 도움을 청하러 간다. 그들이 우리 얘기를 들으려 하지 않고, 알려고도 하지 않을 때는 정말 힘들다. 그러나 결혼을 막을 수 있게 되면 뿌듯하고 행복하다"고 17세의 그룹 멤버인 샤킬라는 진지하게 말한다.

표 1. 아동 결혼 방지를 위한 마당 모임과 의식화 캠페인의 빈도(2009~2012)

프로그램명	2009년도(1월~12월)			2010년도(1월~12월)			2011년도(1월~12월)		
	모임 횟수	참여자 수		모임 횟수	참여자 수		모임 횟수	참여자 수	
		여성	남성		여성	남성		여성	남성
아동 결혼 방지 모임	26	556	472	1,811	46,588	21,774	1,431	46,487	20,118
아동 결혼 방지 캠페인	21	263	312	129	3,671	2,680	230	4,013	2,848

자료 제공: 기아 프로젝트 모니터링과 평가 시스템.

아동 결혼에 관한 법을 강화하려는 시도는 출생 신고의 부재로 난관에 봉착했다. 출생 신고서 없이는, 소녀가 결혼하기에 너무 어리다는 것을 증명할 길이 없기 때문이다. "우리는 고소보다는 예방을 하려 한다. 일단 성립된 아동 결혼을 막을 수 있는 법은 없기 때문"이라고 스리푸르Sreepur의 정부 관리인 데바시시 나그Debashish Nag는 말한다.

2009년부터 2011년까지 아동 결혼 방지에서 우리가 이룩한 성과는 〈표 1〉에 나와 있다. 이 정보는 방글라데시 기아 프로젝트에서 활동한 9개 팀의 성과를 모두 합친 것이다. 이 캠페인을 펼치면서 마당 모임, 거리 공연, 공개 토론, 집회, 인간 사슬과 같은 방법들을 썼다.

기아 프로젝트의 젊은 지도자들이 이룬 성과

2009년 파브나 군 수자나가르 면 두라이 리에서, 35명의 소년과 소녀들이 적극적인 시민 청소년 지도자 교육을 마쳤다. 교육을 받은 후에, 그들은 사회 활동 프로젝트로 '아동 결혼 방지Stop Early Marriage' 운동에 참여했다. 활동의 일부로, 먼저 그들은 왜 그들이 이 일을 하며, 어떤 성과가 있는지를 사람들에게 알리려 했다. 이어서 그들은 기획회의를 가졌으

청년 리더들이 학교에 포스터를 붙이는 모습

며, 거기서 두 가지 방식으로 활동하기로 했다. 하나는 그들 지역에서 일어나는 모든 아동 결혼을 막는 것이고(2009년부터 2010년 사이에 중단시킨 아동 결혼의 수를 보려면 〈표 2〉를 참조), 다른 하나는 아동 결혼의 폐해를 사람들에게 알리고 아동 결혼을 철폐하도록 사람들을 설득하는 것이다.

그 다음, 그들은 아동 결혼의 폐해를 알리고 이를 방지하기 위해 여러 학교, 대학교, 마드라샤스madrashas: 이슬람 학교의 학생, 학부모, 교사들과 마당 모임, 토론회를 주관하면서 활동에 착수했다. 이 밖에도, 그들은 시민 사회 대표자들과도 만났으며, 집집마다 방문하면서 관련 자료를 돌리고, 시장이나 병원 같은 마을 공공 장소에 포스터를 붙였다. 아동 결혼의 문제점들을 보여 주는 거리 공연을 펼치기도 했다. 그리고 아동 결혼을 방지하기 위해 시민 사회 단체 대표 11명으로 구성된 위원회도 만들었

표 2. 두라이에서 무산시킨 아동 결혼 건수(2009~2012)

연도	무산시킨 아동 결혼의 수
2009	156
2010	345
2011	562
2012*	123

* 2012년도 자료는 12개월을 다 포함한 것이 아님.
자료 제공: 기아 프로젝트 모니터링과 평가 시스템.

다. 그들의 성공 사례를 여기서 잠깐 소개하겠다.

2010년 7월 19일, 파브나 군 수자나가르 면 두라이 리에 속한 보로 조르 푸쿠리아 마을의 아르쉐드 뮬라의 딸 카디자의 결혼이 중단되었다. 카디자는 겨우 12세로 5학년이었다. 2011년 1월 15일, 모하메드 프라마닉 모이단의 외동딸인 모비아 카툰Mobia Khatun(카툰은 여성에 대한 존칭이다. 남성에겐 칸을 붙인다: 옮긴이)의 결혼도 막았다. 그들은 파브나 군 수자나가르 면 두라이 리에 속한 안다르코타 마을에 살았다. 그녀의 결혼은 이웃 마을 보로 조르 푸쿠리아의 이미 고인이 된 나예브 칸의 외동아들과 하기로 되어 있었다. 소녀는 3학년이고 소년은 7학년이었다. 12세의 무크티 카툰은 28세의 모하메드 칼레크 몰라의 신부가 될 예정이었다. 이 결혼은 2010년 12월 25일에 중단되었다. 차르 두라이Char Dulai 마을에 사는 토파찰 호사인의 딸은 2010년 12월 21일에 결혼을 그만두었다. 알파나 카툰은 그때 겨우 13세였다. 적극적 시민인 아리풀, 샤킬라, 고쿨, 빌랄이 알파나의 아버지를 찾아가 아동 결혼의 폐해에 대해 알려 주었으나, 그는 자신의 결정을 굽히지 않았다. 그래서 그것은 법을 어기는 것이라 겁을 주었고, 마침내 그 결혼이 성사되지 않게 막는 데 성공했다. 이러한 예는 그들의 성공 사례 중 극히 일부일 뿐이다.

결론과 제안

아동 결혼을 막으려는 시도에도 불구하고, 부모들은 계속 미성년인 딸을 시집보내고 있다. 국가 발전을 위해, 방글라데시 농촌 지역의 가장 낙후된 곳과 구석구석 많은 곳까지 다 닿으려면, 정부와 NGO들이 함께 노력해야 한다.

아동 결혼은 불법인데도 방글라데시 사회 전반에서 용인하고 있기 때문에 뉴스에서 거의 다루어지지 않는다. 국가 공무원, 지역 사회 연장자, 아버지, 어머니, 형제 모두가 그 관습을 용납한다. 그러나 여성차별철폐협약 조인국으로서 방글라데시는 아동 결혼을 방지할 의무가 있다. 이 소녀들을 극단적인 종교, 문화, 전통의 희생자로 보는 것은 쉬울지 모르나, 아동 결혼은 빈곤, 성 불평등, 그리고 자연재해나 기후 변화로 인해 심해진 재정난의 결과일 따름이다.

아동 결혼은 소녀들에게서 아동기를 빼앗고 곧장 성인 여성으로 만드는 관습이다. 그러나 좋은 공교육이 제공되고 적절한 법 집행이 이루어지고 국제 사회에서 더 많은 관심을 기울인다면 소녀들을 보호할 수 있다. 방글라데시에 아동 결혼에 적용되는 법의 효력은 미비하다. 강제 아동 결혼과 그 폐해를 막기 위해 방글라데시는 법 집행과 관행을 바로잡을 필요가 있다. 이에 덧붙여, 인권 옹호는 필수적이다. 풀뿌리 조직들이 진행하는 운동에서 정부 정책 입안에 이르기까지, 사회 모든 영역의 사람들을 의식화시키고 교육시키기 위한 노력이 더 필요하다.

참고 문헌

The Guardian (2013), "Child Marriage Campaigners in South Asia Receive $23m Cash Injection," retrieved from http://www.theguardian.com/global-development/2013/aug/23/child-marriage-india-bangladesh-nepal on 14 October 2013.

Integrated Regional Information Networks (IRIN) (2009), *BANGLADESH: Too young to marry*, retrieved from http://www.irinnews.org/report/85516/bangladesh-too-young-to-marry on 14 October 2013.

International Planned Parenthood Federation (2005), retrieved from http://www.unfpa.org/upload/lib_pub_file/662_filename_endchildmarriage.pdf on 14 October 2013.

Jenson, R. & R. Thornton (2003), "Early female marriage in the developing world," *Gender and Development*, 11(2): 9-19.

UNFPA (2005), *Child Marriage Fact Sheet*, retrieved from http://www.unfpa.org/swp/2005/presskit/factsheets/facts_child_marriage.htm on 14 October 2013.

United Nations (2013), *The Universal Declaration of Human Rights*, retrieved from http://www.un.org/en/documents/udhr/index.shtml on 14 October 2013.

2 동남 · 서남아시아 남성과 결혼한 한국 여성들의 이중 소외와 그들의 활동

정주영

개요

현재 한국 사회에서는 다문화 사회 담론이 뜨거운 주제로 부상했다. 지금까지 한국은 거의 단일한 민족과 언어로 이루어진 나라였다. 그러나 최근 20년간 많은 이민자가 한국으로 들어왔다. 그 수는 약 145만 명에 달하며, 이 숫자는 전체 인구의 3%에 해당된다. 그들은 대체로 이주 노동자, 결혼 이민자, 재입국한 교포와 교포 2, 3세, 외국인 유학생, 난민 등이다. 그러나 그들 중 한국 정부가 관심을 가지는 유일한 그룹은 결혼 이민자, 좀 더 정확히 말하면 결혼 이주 여성이다. 그들의 대다수는 중국, 베트남, 필리핀, 몽골, 캄보디아 등에서 왔으며 우즈베키스탄 같은 중앙아시아 국가나 러시아도 포함되어 있다. 한국의 이주민 관련 정책과 사회적 관심은 결혼 이주 여성에게 초점이 맞춰져 있으며, 그들은 한국 정부와 지방자치단체, NGO로부터 각종 지원과 혜택을 받을 수 있다. 그러나 한국 여성과 결혼한 동남 · 서남아시아 국가 출신 남성들이나 그 가족은 아무런 도움이나 혜택을 받을 수 없을 뿐만 아니라 결혼 과정에서도 차별을 당한다. 나는 결혼 과정에서 한국의 국제결혼 정책이 성별, 출신 국가, 종교에 따라 차별적임을 발견했다. 따라서 이 글은 나와 내 주변 사람들이 직접 겪은 경험과 사례에 기초한다. 아울러 나와 내가 소속된 터네트워크TAW Network의 활동에 대해 살펴보고자 한다.

서론

현재 한국은 세계에서 가장 출산율이 낮은 국가 중의 하나로, 한 쌍의 부부가 평생 동안 평균 1.3명의 아기를 출산한다. 게다가 한국은 세계에서 가장 높은 대학 진학률을 자랑한다. 고교 졸업생의 83%가 대학교에 진학한다. 그 결과, 한국 사회는 노동력 부족이라는 심각한 문제에 직면하게 되었고 고된 육체노동을 피하는 탓에 이민자 유입이라는 상황을 피할 수 없게 되었다. 그 결과, 최근 20년간 많은 이민자가 한국으로 들어왔으며, 2013년 기준으로 145만 명의 이민자가 한국에 살고 있고 이 숫자는 전체 한국 인구의 3%에 달한다. 따라서 현재 한국에서 다문화 사회는 뜨거운 주제가 되었다. 이주민들은 대체로 이주 노동자, 결혼 이주 여성, 재입국한 해외 동포와 교포 2, 3세, 유학생, 한국 근무 외국인, 난민 등이다.

한국은 비교적 긴 디아스포라diaspora, 즉 해외 이주의 역사를 가지고 있다. 멀게는 고려 유민, 임진왜란 포로부터 근대에 들어와서는 100여 년 전 하와이 · 멕시코 이주, 일제 강점기 일본 · 중국 · 러시아 등지로의 자발적 · 비자발적 이주의 역사를 가지고 있다. 그리고 가깝게는 서독과 중동 지역으로의 이주 노동을 들 수 있으며, 이 밖에도 미국을 비롯한 세계 각국으로의 유학, 취업 등으로 해외 이주는 계속되었다. 그 결과, 현재 한국은 중국, 이스라엘, 이탈리아 다음으로 세계에서 네 번째로 해외 거주 자국민의 숫자가 많은 나라이다. 특히, 미국과 일본 두 나라에는 500만 명에 가까운 한국 교민이 있으며, 한국 정부와 국민들은 해외에 거주하는 한국인의 법적 지위와 차별 문제, 특히 역사적인 이유로 인해 재일 교포의 차별 문제에 많은 관심을 가지고 있다. 이런 이유로 한국 정부와 사회는 자국민의 해외 이주에는 익숙하고 많은 관심을 가져왔으나, 외국인의 국내 이주는 그 역사가 짧은 관계로 익숙하지 못했다. 가장 단적인 예로, 국내 거주 화교를 들 수 있다. 한국 화교들은 거의 100여 년 전에 한국에 정착했으나 한국 사회의 배타적 정책과 냉대로 대만이나 미국 등지로 재이주했고, 한국에 남아 있는 화교들도 대부분 재력가인 동남아시아 화교들과는 달리 큰 경제적 기반을 마련하지 못하고 있다. 또한 한국의 대표적인 외국인 학교인 화교학교는 아직도 한국 정부로부터 공식 교육기관으로 인가를 받지 못하고 있다.

지금까지 한국은 비교적 단일한 민족으로 구성되었고 유일한 공용어인 한국어를 사용해 왔다. 이에 한국인들은 단일민족 국가임을 자랑스러워했고 여러 인종이나 민족으로 이루어진 나라를 "순수하지 못하다"고 폄하했다. 이는 한국인들이 지금까지 인종적·문화적인 섬으로 살아왔다는 것을 의미하며, 그 결과 대체로 한국인들은 이주민, 특히 개발도상국가에서 온 이민자들에게 배타적이다. 한국 정부 역시 이민자 문제에 익숙하지 못하며, 많은 이주민 중 오직 한 그룹, 결혼 이주 여성에 집중하고 있어서 결혼 이주 남성 그룹과 불균형이 생겨나고 있다. 이 글의 목적은 개인적 경험을 통해 알게 된 결혼 이주민 정책의 불균형을 알리고 시정을 요구하는 것이다. 나를 포함한 터 네트워크는 이를 문제적인 상황으로 인식하고 개선을 위해 노력하고 있으며, 여기에서는 나와 주변 인물들의 경험을 바탕으로 한국의 결혼 이민자 정책에서 각종 차별적 요소를 지적하고 이에 대응하는 터 네트워크의 활동을 살펴보고자 한다.

국제결혼에서의 각종 차별

비자 취득 과정의 성차별 및 출신 국가 차별

앞에서 언급한 것처럼, 현재 한국에는 약 145만 명의 이주민이 있으며, 이 숫자는 한국 정부로부터 정식 체류 허가를 받아서 1년 이상 장기 체류하고 있는 이주민의 수를 말한다. 이 중 가장 큰 부분을 차지하는 것은 약 52만 명의 이주 노동자 그룹으로, 전체 이주민의 36%를 차지한다. 두 번째는 이주민 자녀 그룹이며, 세 번째는 재입국한 재외동포이고, 그 다음이 결혼 이주 여성으로 전체 이주민 중 약 10%에 해당된다.

나는 2005년 인도네시아에서 온 이주 노동자와 결혼했다. 그런데 그 과정에서 국제결혼에 관한 한국의 정책이나 행정 절차에서 성차별을 포함한 여러 가지 차별적인 요소가 강하게 자리 잡고 있음을 발견했다.

우선, 성차별을 들 수 있다. 한국인 남성이 외국인 여성과 결혼하면, 그 여성이 중범죄를 저지른 경우가 아니면 별 어려움 없이 자국 주재 한국 대사관에서 비자를 받을 수 있다. 그러나 한국 여성이 외국인 남성과 결혼하면, 특히 그 남성이 개발도상국 출신인 경우에는 중범죄자가 아니라 하더라도 한국 비자를 받기 어렵다. 개발도상국 출신의 결혼 이주 남성의 경우에는 자력으로 한국에 입국할 수 있다는 것을 증명해야 한다. 따라서 자국의 은행 계좌 잔고, 자동차, 주택, 토지 등의 동산과 부동산 등 재산 증명을 해야 한다. 이 경우, 그가 한국인 여성과 결혼했다는 사실은 참고 사항일 뿐 중요하지 않다. 그러나 개발도상국에서 온 결혼 이주 여성에게는 이 같은 재산 증명을 요구하지 않는다. 그녀가 한국인 남성과 결혼했다는 사실만으로 입국 자격이 주어진다. 한국 정부는 결혼 이주 여성들을 단지 주부라고 판단한다. 그들은 한국에서 한국인 자녀를 출산하여 한국인 가정의 대를 잇고 한국인 아이들을 양육하며 집안 살림을 할 사람으로 간주한다. 따라서 그들은 어떤 식으로든 한국 사회에 도움이 되는 존재라고 여긴다.

반면 개발도상국 출신 결혼 이주 남성의 경우, 상황은 완전히 달라진다. 한국 정부는 그들을 잠재적인 위험 인물로 간주한다. 한국 정부는 그 남성들이 한국에서 어떤 형태로든 경제 활동에 종사할 것이고, 그 과정 자체가 한국 사회에 위험하다고 여긴다. 여기에는 그들이 한국에서 돈을 벌어 본국으로 가져감으로써 한국의 부富가 유출된다는 전제를 하고 있다. 게다가 한국 정부는 노동력을 가진 개발도상국 출신의 젊은 남성이 가족이라는 이름으로 한국 사회에 편입되는 것을 원하지 않는다(정혜실, 2013: 16). 또한 범죄와의 관련성도 결혼 이주 여성에 비해 높다고 판단한다.

이 같은 차별은 결혼 이주 여성을 존중하고 결혼 이주 남성을 차별하는 문제가 아니라 한국인 남성을 존중하고 한국인 여성을 차별하는 데에서 기인한 것이다. 한국은 가부장적인 사회이기 때문에 한국 정부는 기혼 여성은 남편에게 속한다고 여기고 있다. 즉, 한국인 남성과 결혼한 외국인 여성은 한국인 남성에게 속하고, 외국인 남성과 결혼한 한국인 여성은 외국인 남성에게 속한다고 여긴다. 이는 한국인 남성은 중요하고 한국인 여성은 덜 중요하다고 여기기 때문에 생긴 것이며, 기혼 여성을 '출가외인'으로 보던 전통이 그대로 반영된 것이다.

종교 차별

이슬람권 출신 남편들이 겪는 상황은 더 힘겹다. 국내에 거주하는 상당수의 결혼 이주 남성은 파키스탄, 방글라데시, 인도네시아, 우즈베키스탄, 인도 등 이슬람 국가 출신, 혹은 이슬람 문화권 출신이다. 이 경우에는 종교 차별이라는 또 다른 차별이 있으며, 그것은 일부다처제로 인한 오해이다.

출입국관리사무소와 각국 한국 대사관을 포함한 한국 정부는 아무런 증거도 없이 이들이 본국에 또 다른 아내를 두고 있다고 의심하는 경우가 종종 있다. 그 결과, 확인되지 않은 사실로 인해 예상치 못하게 비자

발급이나 연장이 거부되기도 한다. 그러나 이슬람 사회에서도 일부다처가 흔한 일은 아니다. 한국은 중혼重婚이 허용되지 않기 때문에 자국민 보호 차원에서 그들의 중혼 가능성을 의심할 수는 있다. 나 역시 여성의 종속화 경향과 일부 부유한 무슬림 남성의 축첩 제도로 변질될 가능성이 있기에 일부다처제에 반대한다. 그러나 서류에 올라와 있지도 않은 본국의 '유령 아내'를 의심하는 일은 어처구니가 없다고 여겨진다. 아무리 이슬람 국가라 할지라도 정식으로 결혼한 아내라면 서류에 올라 있기 때문이다.

여기서 잠시 이슬람 사회의 일부다처제의 발생 배경에 대해 살펴볼 필요가 있다. 이슬람 사회의 일부다처제는 중동 지역 토후국 간의 잦은 전쟁으로 인해 생긴 고아와 과부 구제를 위한 일종의 사회복지 제도였다. 여자에게 경제권이 없던 시절, 여자에게는 결혼이 유일한 호구지책이었기 때문이다. 또 남편이, 다른 아내를 얻고자 할 경우 먼저 있던 부인(들)의 동의를 구해야 하고 한 남자가 취할 수 있는 아내의 수는 최대 4명까지로 제한되어 있다. 아내에 대한 처우 역시 동등해야 하기에 부유한 남성만이 그렇게 할 수 있다. 인도네시아의 경우 공무원, 경찰, 교사, 국립대 교수나 교직원 등 국가기관 종사자는 일부다처를 할 수 없도록 법으로 정해져 있다. 따라서 일부 부유한 사업가 외에는 일부다처를 할 수가 없다. 그럼에도 불구하고 한국 정부가 모든 무슬림 결혼 이주 남성의 일부다처를 의심하는 것은 부당한 처사이다. 이는 마치 한국인의 개고기 식습관을 오해한 외국인이 한국인은 일상 식사 때도 늘 개고기를 먹거나 모든 식당에서 개고기를 팔거나 심지어 길거리에 지나가는 개도 마구 잡아먹는다고 오해하는 것과 비슷하다. 또 모든 한국인이 다 개고기를 즐기는 것으로 알고 있는 외국인도 많다. 이처럼 한국인들이 이슬람권의 일부다처제에 대해 오해를 하는 것은 어쩌다 TV에 나오는 아랍 부호들의 모습에서 그런 이미지를 보았기 때문인 것 같다.

다음의 사례들은 국내에 거주하는 국제결혼 부부 중 한국인 여성과 무슬림 남편들이 겪었던 사례이다. 사례자들을 보호하기 위해 실명實名과 국가명은 밝히지 않기로 한다.

사례 1 ▸▸ 10여 년 전, 한국인 여성 A씨는 남편의 비자를 받기 위해 남편의 본국에 있는 한국 대사관에 갔다. 그런데 그 나라 주재 한국 대사가 나와서, 남편에게는 이미 다른 아내가 있을 수 있다면서 A씨에게 해당 남성과 결혼하지 말라고 설득했다. 그 나라에서 실제 일부다처를 하고 있는 사람은 극소수(전체 부부의 2%)에 불과하다.

사례 2 ▸▸ 한국인 여성 B씨는 이슬람권 출신 남편과 결혼 후 5년째 한국에서 살고 있었다. 남편이 거주 비자(F2)를 가진 상태에서 비자 기간 연장을 위해 출입국관리사무소를 방문했다. 그런데 담당 공무원이 남편에게 본국에 부인이 따로 있다는 이유로 비자 연장을 거부했다. 한국에서는 중혼이 금지되어 있기 때문에 중혼을 한 남편에게 비자 연장을 해 줄 수 없다는 것이다. 물론 담당자는 사실 확인도 하지 않은 상태였고 서류상으로 본국의 아내가 증명되지도 않았으며, 누군가에게 들었다고만 했다. 하는 수 없이 남편의 본국으로 가서 다른 아내가 없다는 것을 증명하는 서류를 새로 준비하여 비자를 다시 신청해야 했다. 물론 본국에서도 남편의 일부다처는 증명되지 않았다. 그럼에도 불구하고 그들은 다음에 있을 비자 심사에서 불이익을 당할까 봐 제대로 대응조차 못했다고 한다. 출입국관리사무소 직원이 서류상으로 확인할 수 없는 부인이라면 그런 부인은 원래 없는 것이다.

귀화와 영주권 취득의 경우에도 결혼 이주 여성보다 개발도상국 출신의 결혼 이주 남성의 경우가 훨씬 더 어렵다. 이때에도 결혼 이주 여성의 경우에는 실제로 혼인 생활을 하고 있고 자녀가 있으면 거부되는 일은 크게 없다. 물론, 부부 합산 재산 3천만 원 이상이라는 규정이 있기는 하지만, 국내의 많은 다문화 가정이 저소득층이라는 이유로 엄격하게 심사하지 않는 경우가 많다. 그러나 남편이 개발도상국 출신인 경우에는 좀 더 엄격한 잣대를 들이댄다. 나의 경우에도 결혼 5년 후, 남편이 영주권을 취득하는 과정에서 3천만 원 이상의 재산 증명을 해야 했다.

사례 3 ▸▸ 개발도상국 출신의 남성과 결혼한 한국인 아내 C씨는 귀화 서류 제출 시, 결혼의 진정성을 증명하기 위해 수개월 간의 통화 내역과 문자 메시지를 제출해야 했다. 또 다른 부부는 그간의 사진을 제출하거나 출입국사무소 직원이 부부 각자가 근무하는 직장 동료들에게 전화를 해서 확인하는 등 사생활 침해를 받았다고 한다(사례 1, 2, 3, 정혜실, 2013: 17 재인용).

사례 4 ▸▸ 또 다른 이슬람 국가 출신 남편과 결혼한 한국인 여성 D씨는 더 힘들었다. 남편의 한국에서의 미등록 체류(불법 체류)와 본국에서의 이혼 경력 때문에 어려움을 겪었다. 일부다처 가능성을 의심한 그 나라 주재 한국 대사관에서 남편의 한국 입국 비자를 내주지 않아 1년을 남편의 본국에서 거주했고, 1년 후 D씨는 혼자 한국으로 입국했다. 한국에서 한 달간 남편의 비자 발급을 요청하는 사유서와 다른 증빙서류를 다시 보강하여 그 나라에 있는 한국 대사관에 제출했으나 그래도 비자 발급을 거부당해 남편의 본국에서 다시 6개월간을 더 체류했다. 때마침 출산일이 가까워져서 만삭의 몸으로 대사관에 몇 번씩 찾아가

읍소를 하고 출산은 한국에서 하고 싶다고 사정을 해서 겨우 비자를 받고 귀국했다고 한다. 그런데 입국하자마자 인천공항에서 "아니, 이 사람이 어떻게 비자를 받았냐?"면서 비자 위조를 의심하는 바람에 만삭의 몸으로 남편과 함께 공항 출입국관리사무소에서 장시간에 걸쳐 다시 조사를 받아야 했다. 그 이후로도 D씨와 남편은 출입국 관련 서류 심사에서 특별히 더 주의를 필요로 하는 사람으로 분류되어 출입국 시 남들보다 더 시간이 걸린다고 한다(필자가 2013년 12월 9일 월요일 오전, D씨와 20분간 전화 면접함).

뿌리 깊은 부계 혈통주의

이 모든 것은 한국의 뿌리 깊은 남성 중심주의 행정에서 기인한 것인데, 1997년 국적법 개정 이전에는 그 정도가 더 심각했다. 1997년 전까지 한국 여성과 결혼한 외국인 남성은 C3, 즉 단순 방문 비자만 받을 수 있었고 같이 사는 남편인데도 3개월마다 비자를 연장해야만 했다. 이때 만약 비자 연장을 거부당하면 3개월마다 한 번씩 외국에 나갔다 와야 했었다. 물론 그 비용은 자부담이었다. 그리고 그때에도 한국 여성과 결혼한 선진국 출신 남성들의 경우에는 비자 연장 거부가 거의 없었으며, 한국인 남성과 결혼한 외국인 여성의 경우도 이런 문제는 없었다. 한국의 강한 부계 혈통 중심주의는 1997년 국적법 개정 이전 상황을 살펴보면 잘 알 수 있다.

지원과 도움

결혼 과정의 어려움이 지나고 나면, 또 다른 제도적 차별이 기다리고 있는데, 한국인 아내와 결혼 이주 남성 가정의 경우 정부로부터 아무런 도움이나 지원을 받을 수 없다는 점이다. 현재 한국에는 약 18만 명의 다문화 가정이 있다. 이들을 100%로 잡았을 때, 이 중 82%는 한국인 남편, 외국인 아내로 구성되어 있으며, 나머지는 한국인 아내-이주민 남편 가정이다. 그러나 앞서 지적했듯이 한국 정부는 오로지 결혼 이주 여성에게만 각종 혜택과 지원을 제공한다. 그들은 전국 206개의 다문화가족지원센터를 이용할 수 있고 거기서 각종 무료 지원을 받을 수 있다. 예를 들어, 다문화가족지원센터로부터 1년간의 방문 한국어 수업, 한국 문화 및 한국 요리 수업, 직업 훈련, 심리 상담, 법률 지원, 의료비 지원, 자녀 교육 지원을 받을 수 있고, 지방자치단체가 주관하는 친정 부모 초청, 친정 보내 주기, 제주도 가족 여행 등의 행사에 참가할 수 있다. 직장 알선뿐만 아니라 저소득층인 경우에는 사회적 기업 채용 시 우선 채용의 혜택도 있다. 다문화가족지원센터의 모든 조직과 프로그램은 이들을 위해 운영된다.

그러나 결혼 이주 남성의 경우에는 어떠한 도움이나 혜택도 기대할 수 없으며, 나의 경우에는 한국어 방문 수업과 다문화가족지원센터 이용조차 거부당했다. 다문화 관련 각종 행사 등은 모두 결혼 이주 여성 중심으로 기획, 운영되기 때문에 결혼 이주 남성, 한국인 아내 가정의 경우 아무런 활동에도 참여할 수 없다. 한국 정부는 결혼 이주 여성들이 한국 아이들의 어머니이고, 따라서 그들은 지원과 도움이 필요하다고 한다. 옳은 지적이다. 그러나 같은 논리로 말하면, 결혼 이주 남성들은 한국 아이들의 아버지이고 그들 역시 도움과 지원이 필요하다. 적어도 한국어 교실 정도는 참가할 수 있어야 한다. 우리는 결혼 이주 여성에 대한 지원에 반대하는 것이 아니라, 두 그룹 간의 최소한의 형평성을 요구하는 것이다.

터 네트워크의 활동

결혼 이주 남성, 한국인 아내로 이루어진 가정은 한국 사회에서 소수자 중에서 다시 소수자이며, 그 결과 이중 소외를 겪고 있다. 이에 문제의식을 가진 몇몇 당사자가 모임을 만들었다. 앞에서 언급한 바와 같이 터 네트워크Taw Network: Transnational Asian Women's Network의 구성원들은 대부분 동남・서남아시아 출신 남성과 결혼한 한국 여성들이며, 일부 회원은 결혼 이주 여성, 여성 이주 노동자들이다. 따라서 우리 활동은 동남・서남아시아 출신 남편을 둔 한국 여성들에게만 국한하지 않고 한국에 거주하는 다양한 분야의 아시아 여성들이 각자 자신의 목소리를 냄으로써 더 나은 사회를 만드는 데 있다. 회원들 모두 보부아르Simone de Beauvoir가 말했듯이, 여성이라는 존재를 결정짓는 '상황'(보부아르, 1994: 81)의 문제에 관심을 가지고 자신의 상황을 돌아보고 자신이 처한 상황을 개선하고자 노력한다.

우리의 활동은 크게 네 분야로 나눌 수 있다.

첫째, 법 개정 운동으로, 이와 관련하여 1997년 국적법 개정 이전 상황을 살펴보고자 한다. 1997년 국적법 개정 전까지는 선진국이든 개발도상국이든 한국 여성과 외국인 남성 부부 사이에서 태어난 자녀는 한국 국적을 받을 수 없었다. 선진국, 개발도상국 출신에 따른 차별도 없을 정도로 강한 부계 중심주의가 최절정에 달한 정책이었다. 한마디로 그 자녀들에게 "너희는 아버지의 나라에 가서 살고, 그 나라 사람이 되라"는 뜻이었다. 이에 터 네트워크 회원과 많은 당사자, 또 뜻을 같이하는 여성단체들이 법 개정을 위해 노력했고, 마침내 부모 중 어느 한쪽이 한국인이면 그 자녀들에게 한국 국적을 주도록 국적법이 개정되었으며 1998년부터 시행되었다. 이 밖에도, 우리는 관련 세미나, 포럼, 공청회, 모임 등에 참석하여 우리의 상황에 대해 이야기하고 우리의 목소리를 낸다. 또

때때로 관련 집회나 시위에도 참가하여 부당한 법에 항의하기도 한다.

둘째, 미디어 모니터 활동이다. 요즘, 많은 미디어에서 이민자들을 소재로 다룬다. 그러나 부정적으로 표현되는 경우가 많다. 각종 인종 차별적인 표현이나 부정적 표현, 반反이민 정서를 드러내는 매체에는 항의하고 수정을 요구한다. 이런 노력의 결과, 많은 매체가 내용이나 표현을 일부 수정했다.

셋째, 다문화 사회 교육이다. 우리는 선주민(한국인) 학생들에게 다문화 사회가 무엇인지, 왜 이주민과 함께 살아야 하는지, 왜 그들을 존중해야 하는지에 대해 가르친다. 보편적인 인권 교육도 여기에 포함되며, 그 대상은 유치원생부터 고등학생까지이다. 아울러 각종 캠프, 민간 주도 관련 행사에서 파키스탄, 인도네시아, 인도 등 남편 출신국의 문화를 가르치기도 한다.

넷째, 남편, 시댁 식구, 친척들과 더 잘 소통하기 위해 남편 나라의 언어와 문화를 배운다. 그 예로, 2013년에는 파키스탄의 공용어인 우르두어 수업을 개설하여 파키스탄인 남편을 둔 한국인 아내와 그 자녀들이 일주일에 한 번씩 공부하고 있다. 이 활동은 또한 결혼으로 인해 남편의 사회에 편입된 한국인 아내들의 문화적 충격이나 소외감을 경감시키는 데 도움이 될 것으로 기대된다.

다섯째, 남편 나라 돕기이다. 각종 바자회나 기타 활동을 통해 생긴 수익금을 파키스탄에 장학금으로 기증하는 등, 남편의 나라를 위해 쓰고 있다.

여섯째, 이주 여성 단체, 다른 관련 단체들과의 연대이다. 우리는 우리의 권익 향상을 위해 노력하지만, 그것이 다른 이주 여성들에 대한 배타성을 의미하는 것은 아니다. 앞서 언급했듯이, 우리 회원 중의 일부는 결혼 이주 여성, 여성 이주 노동자이다. 우리 회원들은 아시아 여성이라

2013년 우르두어 수업 개설 행사

는 공통점과 이주민 당사자이거나 이주민 가정이라는 공통점을 가지고 있다. 따라서 이 점에서 같이 활동하며, 다른 관련 단체들과도 연대하고 있다.

일곱째, 앞으로의 과제로 심리적으로 상처받은 이주민과 그 가족들을 위한 심리 치료를 목표로 하고 있다. 이를 위해 우리 회원 중에 심리 치료를 공부하여 한국 생활 동안 손상된 자아 존중감을 회복하고 내적인 힘을 얻도록 하고자 한다.

결론

지금까지 한국인 아내와 동남 · 서남아시아인 남편 가정이 결혼 과정에서 겪는 삼중의 차별과 이중 소외에 관해 살펴보았다. 삼중 차별은 크게 성차별, 출신 국가 차별, 종교 차별이며, 그들 가정이 결혼 이후에도 각종 이주민 정책과 지원에서 소외되고 한국 사회에서 일차적인 소외를 겪는 다문화 가정의 범주에서 다시 소외됨으로써 이중 소외를 겪고 있음을 밝혔다.

또한 유럽 각국이 자신들의 다문화주의가 실패했음을 선언했고 전 세계적으로 극우 세력의 등장으로 반反이민, 외국인 혐오 정서, 인종차별주의가 강하게 대두되고 있다. 이런 경향은 한국에서도 예외가 아니어서 반反다문화 정서가 등장하고 있다. 예를 들어, 한국 사회에도 이주 노동자들이 한국인의 일자리를 빼앗아가며, 이주민들의 유입이 한국 사회를 퇴보시킨다는 논리가 팽배해 있다. 따라서 우리의 활동은 반이민 정서, 인종차별주의, 성차별주의에 대한 저항과 맞물려 있다.

참고 문헌

보부아르, 시몬 드(1994), 『제2의 성』 2권. 조홍식 옮김. 서울: 을유문화사.

오경석 편(2013), 『지구인 다섯 가족의 좌충우돌 사랑 이야기』. 서울: 한울 아카데미.

이광석(2014), "다문화 행정의 의의," 『다문화 행정론』. 서울: 조명문화사.

정혜실(2013), "정부정책과 미디어를 통해 인종주의화된 다문화 가족," 〈분리와 차별을 넘어; 이민정책 포럼〉 (2013. 11월. 30일, 대전 대철회관).

3 전통의 굴레에 맞서는 네팔 여성들

파슈파티 쿤와르

개요

사마비카스 네팔은 네팔 서부에 있는 단체로, 월경 중인 여성을 격리하는 차우파디라는 낡은 전통에 맞서 사회 의식을 고양하는 운동을 한다. 이 지역 여성들은 월경 기간 동안 차별을 겪는다. 일주일 정도 집 밖에 머물러야 하기 때문에 좋은 음식도 먹지 못하고, 일상적인 사회 활동에도 참여할 수 없다. 사마비카스는 이 관습에 반대하는 캠페인을 펼치기 위해 사회, 정치, 종교 지도자, 인권운동가, 교사, 학생, 남녀 청소년, 여성 단체와 그 네트워크들, 어머니 협동조합을 한데 모았다. 그 결과, 세 지역에서 여성들이 차우파디 관습을 폐기하기 시작했다. 사마비카스는 여성들과 어린 소녀들에게 힘을 주기 위해 지속적으로 노력해 왔다. 이 캠페인이 전개되면서, 아크함 지역의 세 곳은 이미 차우파디 없는 지역chhaupadi-free areas이라 선언했다. 차우파디 움막은 철거되고, 많은 여성과 소녀들이 서로서로 힘을 얻을 수 있게 되었다. 차별과 젠더에 기반한 폭력을 당하는 여성들을 구하기 위해 감시위원회는 열심히 감시하고 있다. 가속도가 붙은 캠페인은 이웃 지역으로도 퍼졌으나 반감은 여전하다. 정부는 차우파디 등 여성을 차별하는 관습을 금하라는 명령을 내렸다. 그러나 그 이행은 미약하고 실행 여부도 제대로 점검되지 않는다. 차우파디를 경험했던 자로서, 나는 이 전통에 맞서는 평화로운 투쟁에서 많은 성과를 이루어 냈다.

조직 소개

2004년 8월 15일에 출범한 사마비카스 네팔Samabikas Nepal은 아크함Achham 지역에 있으며, 사회복지협의회Social Welfare Council와 연계하고 있다. 이 조직은 여성과 사회적 약자에 대한 사회적 불평등, 차별을 줄여 나감으로써, 지속적인 발전이라는 국가 목표에 기여하고자 한다. 또한 여성과 아동의 기본 인권도 보호하려 한다. 조직의 주요 목표는 (1) 사회경제 발전에서 배제되었거나 학대와 폭력의 피해를 입은 여성과 아동 관련 주요 문제들을 찾아내고, (2) 개인, 가족, 집단의 역량 개발을 위해 이용할 수 있는 인적·사회적 자본을 최대한 활용하고 지원하며, (3) 사회적으로 차별받는 여성들을 대상으로 쟁점 중심의 프로그램을 운영하고, 젠더와 정치적 권리를 자각케 해서 존엄한 삶을 살 권리를 실현시키며, (4) 젠더, 카스트, 사회 차별을 없애 나가기 위해 권익 증진 활동과 의식화 교육을 하고, (5) 여성, 아동, 달리트(불가촉천민)의 권리를 위해 로비를 하는 것이다.

존엄한 삶을 누릴 기본 인권을 보장하기 위해 사마비카스 네팔은 여성과 소녀의 사회 문화적 역량 강화를 지원하는 데 중점을 둔다. 사마비카스 네팔은 전국적인 조직이지만 현장 활동가들은 주로 아크함 지역에서 활동한다. 이 조직은 국회의원, 장관, 비서관, 고위 정책 결정자와 지식인들을 대상으로 한, 여성의 인권과 재생산 건강권에 대한 워크숍을 전국적으로 진행하고 있다.

조직의 주요 활동

이 조직은 다양한 국내 및 국제 개발 기구, 인도주의 단체들과 함께 거버넌스, 민주화, 인권, 재생산 건강권, 젠더 평등과 사회 통합Gender Equality and Social Inclusion: GESI, 사회 정치 통합 분야에서 활동해 왔다. 이 조직은 다음과 같은 활동을 수행했다.

a) (극서부 지구 발전 포럼Far-west Development Forum과 함께, 지역발전위원회District Development Committee, 아크함 여성 · 아동개발사무국의 후원을 받아) 차우파디에 관한 영화 상영을 통한 재생산 건강에 대한 의식화

b) 젠더, 평화, 지속 가능한 발전의 주류화(조직 내부 프로그램)

c) 아동기, 청소년기, 성인기 여성들의 조직화(조직 내부 프로그램)

d) 생식 보건 사업(캐나다협력사무국Canadian Cooperation Office과 자궁탈출증 치료)

e) 자궁 탈출증 환자들의 관리와 지원(CARE 네팔과 함께)

f) 시민 교육과 시민 헌장 선언(프로 퍼블릭Pro Public(네팔의 NGO: 옮긴이)), 정치적 거버넌스

g) 여성의 투표 참여(프로 퍼블릭, 정치적 거버넌스와 유권자 교육)

h) 시민 교육, 유권자 교육 프로그램(프로 퍼블릭, 정치적 거버넌스와 유권자 교육)

i) 아크함 지역에서 차우파디 전통 철폐를 통한 여성의 존엄성 보호(인권 민주주의와 통합 재단Rights Democracy and Inclusion Fund)

j) 차우파디를 비롯해, 여성에 대한 차별적 관습에 맞서는 캠페인(국가역량강화사업ESP 프로그램화)

k) 공공 재정 관리 프로그램

차우파디 시스템

차우파디는 월경 중인 여성을 일컫는 그 지역의 언어이다. 월경 중인 여성은 자기 집에 들어갈 수 없으며, 우유와 유제품 등 양질의 음식을 먹을 수도 없고, 월경 기간인 3일에서 7일 동안 천민으로 취급당한다. 학교가 사원, 성지, 수도원 가까이 있으면 학교에도 갈 수 없다. 월경 중에는 차우파디 여성들에게 특별히 제공되는 좁고 비위생적인 움막이나 외양간에서 밤을 보내야 한다. 이것은 월경 중인 여성은 아무것도 만질 수 없는 네팔의 극서 지역과 일부 중서 지역에 널리 퍼진 전통적인 관습 때문이다. 이 관습은 극서 지역에서는 주로 아크함, 바주라Bajura, 바장Bajang, 도티Doti, 바이타디Baitadi, 다델두라Dadheldhura, 다출라Darchula, 칸찬푸르Kanchanpur, 카일라리Kailali에, 중서 지역에서는 칼리콧Kalikot, 줌라Jumla, 훔라Humla, 무구Mugu, 다이렉Dailekh, 자자르콧Jajarkot, 서르켓Surkhet 지역에서 볼 수 있다. 이 지역에서 가족과 사회는 월경을 자연스러운 현상으로 보지 않는다. 그렇기 때문에 월경 중인 여성은 월경 기간 동안 가족과 집으로부터 멀리 떨어져야 한다. 그들은 남성, 아이, 소, 살아 있는 식물, 열매가 달린 나무를 만져서는 안 된다. 만약 이런 것들을 만지면 그것은 오염이 되고 곧 신의 분노를 살 것이라 믿었다(Bennet, 1983). 차우파디 여성은 집 계단 밑에 있는 소 외양간에 머물 수 있다. 그러지 않으면 집에서 20~25m 떨어진 외딴 움막에서 지내야 한다. 이 움막은 문도 없고 매우 비좁다(Kafle, 2011). 특히 출산 직후나 월경 기간에는 사회적 지원, 영양가 있는 음식, 따듯한 집이 필요한데도 여성들은 영양가 있는 음식을 먹을 수도 없는, 집에서 뚝 떨어진 이런 곳에서 지내야 한다. 그들은 기ghee: 정제 버터, 우유, 요거트를 먹어서도 안 되며 공동 수도꼭지를 만지거나 사원과 집에 발을 들여놓아도 안 된다. 제대로 된 음식을 먹어서도 안 된다(Upreti, 2010).

차우파디 여성들은 육체적으로도, 정신적으로도 힘들다. 관습에 따르면, 월경이나 임신 중인 여성들은 우유나 기ghee를 먹어서는 안 되며 소금을 뿌린 얇은 빵만 먹어야 한다(Bennet, 1983). 이 관습 때문에 월경기나 임신 기간 동안 여성들은 영양가 있는 음식을 섭취하지 못한다. 월경 기간 중인 여성은 집에 들어가지 못하므로, 구덩이 파기, 땔감 모으기, 가축 풀 먹이기처럼, 바깥에서 힘든 육체노동을 해야만 한다. 이런 조건들은 여성 건강에 악영향을 주어 설사, 폐렴, 호흡기 질환을 포함한 다양한 질병에 쉽게 걸리게 한다(United Nations Resident and Humanitarian Coordinator's Office, 2011).

아크함 지역의 차우파디 철폐를 위한 노력

아크함 여성·아동개발사무국(Women and Child Development Office Achham, 2010)에 따르면, 이 지역 여성의 95% 이상이 차우파디를 행하고 있다고 한다. 사회경제 지표에 의하면, 아크함(네팔의 극서부 개발 지구에 속하는 세티 주zone에 있는 군district 중 하나: 옮긴이)은 다소 낙후된 곳이다. 이곳 여성들은 무자비한 폭력과 차별을 당한다. 청소년기 여성들은 교육, 좋은 음식, 사회 참여를 접할 기회가 거의 없다. 2009년, 사마비카스 네팔이 아크함에서 행한 연구에 따르면, 합법적인 결혼 연령인 21세 이전에 하는 아동 결혼의 비율이 매우 높다. 아동 결혼은 조기 임신과 조기 출산으로 이어지고, 그것은 자궁 탈출증을 유발하기도 한다. 여성들이 지식과 인식이 부족하다 보니 재생산 건강과 재생산 권리를 누리지 못한다. 카스트와 지역을 막론하고, 모든 여성과 소녀들이 이 권리를 존중받지 못하고 존엄한 삶을 누리지 못하는 것이다.

차우파디 움막에 앉아 있는 여성

젠더와 인권운동가들이 세운 풀뿌리 조직인 사마비카스는 사회, 정치, 종교 지도자, 인권운동가, 교사, 학생, 남녀 청소년, 여성 단체와 그들의 네트워크, 어머니 협동조합(저축 신용 그룹) 등을 참여시켰다. 모든 관계자는 하나의 사안으로서 차우파디가 여성 해방과 직접 연결되어 있다는 것을 깨달았다.

시간이 지나고 나서, 이 단체는 여성들의 목소리를 키우고, 정책 입안자가 여성 문제에 귀 기울이게 하며, 마침내 정부의 정치 지도자들에게 영향을 주는 데 성공했다. 최근 들어 이 단체는 차우파디라는 낡은 관습을 철폐하자는 사회 캠페인을 벌이기 시작했다. 여성과 소녀들은 이제 그 관습을 버리고 월경 중에도 집에 들어가기 시작했다. 사회는 차우파디 기간이 여성의 재생산 주기의 일부일 뿐, 신의 저주가 아니라는 것을 점차 깨달아가고 있다.

사마비카스는 여성들과 소녀들의 힘을 북돋는 데 계속 노력해 왔다. 캠페인이 전개되면서, 아크함 군의 바게슈와르, 리디콧, 파얄, 이 세 곳은 이미 차우파디 없는 지역이라 선포했다. 차우파디 움막은 하나둘 철거되고 있으며 마을, 사회 · 정치 활동에 참여할 만큼 자신감을 얻은 여성들의 수는 계속 늘어나고 있다. 사마비카스 네팔이 시작한 캠페인은 가속도가 붙어 미신을 신봉하는 이웃 지역으로도 퍼졌다. 활동가들과 운동가들은 처음에는 종교계와 종교 지도자들의 반대와 비판에 부딪혔다. 그러나 공동체와 종교 지도자들을 움직이는 데 성공했고, 이제 그들은 캠페인의 조력자가 되었다.

하지만 성직자, 샤먼shaman, 그리고 이 전통을 실천해 왔고 차우파디 여성을 불결하다고, 월경 기간을 저주라 여기는 여성 노인들은 분개했다. 그래도 우리는 계속 앞으로 나아갔으며, 긍정적인 성과를 이루어 냈다. 그 관습을 철폐하기 위해 열심히 로비한 젠더와 인권운동가들의 압력 덕에, 정부는 차우파디와 같은 여성 차별을 금하라는 명령을 내렸다. 하지만 이행은 미약하고 실행 여부도 점검되지 않는다. 이 캠페인을 위해 조직된 '감시위원회'는 언제나 경계를 늦추지 않으며 취약한 여성과 소녀들을 구출하기 위해 열심히 출동한다.

2005년 5월, 네팔 대법원은 차우파디를 불법으로 규정했으며, 네팔 정부가 이 전통을 철폐하는 법을 제정할 것을 명했다. 2008년, 여성아동사회복지부는 전국적으로 이를 철폐하기 위한 지침Chhaupadi Pratha Unmulan Nirdesika of 2064을 반포했다. 그러나 이 지침의 준수 여부는 미지수이다. 예를 들면, 이 지침은 군district 차원에서 차우파디 근절을 위한 위원회를 구성하라고 했지만 거의 만들어지지 않고 있다. 2007년 네팔의 임시 헌법은 젠더에 기반한 차별을 비롯해 모든 차별을 종식시키고,

차우파디 폐지 운동

평등권, 사회 정의, 카스트 차별을 받지 않을 권리를 보장하고자 했다. 이는 차별을 조장하고 취약성을 증가시켜 기본 인권을 침해하는 관습을 종식시키려는 노력에 대한 법적 뒷받침을 제공한다. 세계인권선언Universal Declaration of Human Rights은 젠더, 종교, 정치적 견해나 기타 견해, 출신 국가나 출신 사회, 태생 또는 신분 등을 이유로 차별받지 않고 모든 이가 동등한 존엄성, 권리, 기본적인 자유를 누릴 권리가 있음을 선언했다.

네팔은 여성차별철폐협약CEDAW의 조인국이기도 하다. 이 협약 서문에서 여성 차별이 정치, 사회, 경제, 문화 생활에서 여성의 동등한 참여를 가로막는 장애물이라고 규정했다. 그래서 여성차별철폐협약은 여성이 열등하다는 생각이나 성 역할에 기초한 편견과 관행을 없애기 위해 정부가 나설 것을 요구한다.

차우파디 폐지 운동에 모인 인파

차우파디 근절을 위해 남겨진 과제

차우파디를 없애기 위해 노력하는 국제 조직과 국내 단체들은 많다. 극서부 지구에 있는 여성개발사무국Women's Development Offices과 여성 단체들도 이 문제 해결을 위해 노력하고 있다. 이들의 노력으로 상황은 많이 개선되었다. 그러나 오랫동안 지속된 전통을 없애기 위해서는 더 많은 노력이 필요하다. 유엔이 선언한 새천년 개발 목표Millennium Development Goal 중 세 번째가 남녀 평등의 증진과 여성의 역량 강화이며, 새천년 개발 목표 다섯 번째는 1990년부터 2015년까지 산모 건강을 증진시키고, 산모 사망률을 4분의 3 줄이는 것이다. 차우파디 관습은 이 같은 목표 달성에 걸림돌이 될 것이다. 새천년 개발 목표 다섯 번째에서 네팔이 이룩한 진전이 전국적으로 골고루 퍼지는 데 차우파디가 장애물이 되는 것이다. 그러므로 이 관습을 철폐하는 데 더 많은 개입이 요구된다.

참고 문헌

Bennet, L. (1983), *Dangerous Wives and Sacred Sisters: Social and Symbolic Role of High Caste Women in Nepal*, New York: Columbia University Press.

Kafle, R. (2011), "Seclusion during Menstruation in Nepal despite Supreme Court Ruling," *Republica Daily*, Sept 2: 8.

Samabikas Nepal (2009), "Assessment Survey on Child Marriage and Situation of Equal Rights and Opportunities for Girls in Achham district Nepal," Achham District.

United Nations Resident and Humanitarian Coordinator's Office (2011), "Chhaupadi in the Far West," *Field Bulletin*, 1 April, Kathmandu.

Upreti, A. (2010), "Mahila Swasthay Bare Galat Pustayai (Wrong Defence about Women's Health)," *Daily News Paper Kantipur*, 25 June.

Women and Child Development Office Achham (2010), *Annual Report*, Kathmandu.

4 인도네시아의 인권과 성 소수자 운동

카리스 수비아니타

개요

인도네시아의 성 소수자(레즈비언, 게이, 양성애자, 트랜스젠더, 인터섹스: LGBTI) 운동은 1960년대 자카르타에서 남성에서 여성으로 성전환한 와리아Waria 그룹에 의해 시작되었으며, 1980년대와 1990년대 말, 게이와 레즈비언이 자신들의 조직을 꾸릴 수 있게 힘을 북돋아 주었다. 이들은 자기 범주 사람들의 이익을 대변하고 자기 권리를 주장하기 위해 싸우고 있었다. 게이들은 HIV와 AIDS 문제에서 출발했으며, 레즈비언들은 페미니스트 그룹 캠페인에 함께했다. 이들은 2010년, 수라바야에서 국제 레즈비언 · 게이협회ILGA가 주최한 대회가 이슬람 근본주의자 집단의 공격을 받은 것을 계기로 하나의 그룹으로 뭉쳤다. 이 사건을 계기로, LGBTI는 자신들이 한 범주를 구성하고 있다는 것을 자각하고 자신들의 권리를 함께 외칠 공간으로 LGBTIQLesbian, Gay, Bisexual, Transgender, Intersex and Questioning 인도네시아 포럼을 세웠다. 2011년, LGBTI는 인권을 위한 활동을 시작했으며, LGBTI 인권 침해 사례들을 열심히 기록하고 있다.

서론

이 글은 인도네시아 성 소수자(레즈비언, 게이, 양성애자, 트랜스젠더, 인터섹스(간성): LGBTI) 운동에 참여한 여성 운동가로서 나의 경험을 반영한 것이다. 여성 운동에 참여하고 성 소수자 그룹들과 만나면서 차별과 인권 문제의 다른 면을 보게 되었다. 과거에 나는 젠더, 인종, 계급과 관련된 차별만 생각했었는데, 인도네시아의 성 소수자 문제는 섹스, 젠더, 섹슈얼리티의 다양성을 볼 수 있도록 내 시야를 넓혀 주었다. 성 소수자 운동을 연구하면서, 나는 이들이 자신의 목소리를 내고 자신의 문제를 가족, 사회, 정부를 포함한 대중에게 개방하려면 다른 주류 인권 단체/활동가들과의 협력이 필요하다는 것을 깨달았다.

1998년 수하르토의 몰락과 '신질서 체제'(수하르토가 권력을 잡으면서 자신의 체제를 신질서라 칭했다. 현재는 수하르트의 통치 시기를 가리키는 말로 쓰인다: 옮긴이)의 붕괴는 반反중국 정서로 얼룩졌다. 인도네시아 곳곳에서 일어난 폭동은 중국인들만을 그 대상으로 삼았다(Panggabean & Smith, 2011). 인도네시아의 사회와 정치는 변했으며, 중국계 여성으로서 나는 이러한 상황 때문에 여성 조직에 열심히 참여하게 되었다. 1998년 5월 폭동은 중국계 인도네시아인으로서, 내가 집단 폭동의 표적이 된다는 것이 어떤 것인지 실감케 했다. 1998년 5월은 인도네시아인들에게, 특히 중국계 인도네시아 여성들에게 수많은 상처를 주었다. 여러 도시에서 그들이 당한 폭력의 소문은 이미 널리 퍼졌지만, 아직까지도 이 범죄들은 다 밝혀지지 않았으며, 그 당시 바하루딘 유수프 하비비 대통령에게 제출한 1998년 5월 합동진상조사단의 보고서에도 불구하고, 정부는 침묵으로 일관하고 있다. 어떤 이들은 중국 여성들이 성폭력을 당했다는 이야기를 인도네시아의 명성에 먹칠하고픈 이들이 만들어 낸 유언비어라고 여긴다(Islam,

2007). 정부와 대중은 중국계 인도네시아 여성들이 성폭행과 강간을 당했다는 사실을 아직도 의심한다. 그래서 "1998년 5월 폭동에서 정말 강간이 일어났는가"라는 질문이 제기될 수 있는 것이다(Perempuan, 2008: 6).

나는 중국계 인도네시아 여성들(피해자들)이 겪은 일들이 사실임을 안다. 그들 중 많은 이가 정부가 그들의 존재를 인정하지도 않고 그들 이야기의 진실성을 절대 받아들이지 않을 거라 생각하기에 신고할 생각도 하지 못한다. 이에 더해, 중국계 여성들은 가문의 명예를 지켜야 한다고 배웠기 때문에 자신의 가족마저도 두려워한다. 사회뿐만 아니라 정부까지도 그들에게 성범죄를 당한 적이 없다고 말하게끔 커다란 사회적·문화적 압력을 가한다. 수라바야(인도네시아 동자바 주의 주도: 옮긴이)에서 동료들과 나는 이 사례들을 조사하고 몇몇 피해자도 만나 보았다. 국가여성인권위원회National Women's Human Rights Commission와 다른 여성 활동가들이 정부에 이 사건의 진실을 밝히라 촉구했지만 이 글을 쓰고 있는 지금까지도 망각과 폭로 사이의 싸움은 계속되고 있다.

여성 운동과 성 소수자 운동의 성장

신질서 체제가 개혁 질서 정권으로 교체되면서, 다양한 집단이 폭넓은 이해 관계를 표명하게 되었다. 인도네시아 독립 이후 처음으로 1999년 욕야카르타에서 열린 인도네시아 여성 회의에 많은 여성 그룹이 참여했다. 인도네시아 각계에서 약 1,000명의 여성이 이 회의에 참가했으며, 그 결과물로 여성의 이익을 옹호하는 인도네시아여성연합Koalisi Perempuan Indonesia: KPI이 결성되었다. 그들이 벌인 투쟁 중 하나는 15분과[1]를 통해

1 인도네시아여성연합은 이주 여성 노동자, 여성 장애인, 가사 노동자 등 서로 다른 여성

레즈비언들의 성적 권리와 성적 정체성을 인정받는 것이었다. 종교에 기반한 조직 등은 레즈비언의 존재를 받아들이지 않았지만, 여성 운동은 레즈비언 그룹과 함께할 수 있었다. 인도네시아여성연합의 15분과 구성원 중 한 명인 어거스틴이 2005년도에 자카르타에 설립한 아르다나리연구소Ardhanary Institute처럼, 2000년 이후로 인도네시아 곳곳에서 레즈비언 조직이 성장하기 시작했다. 아르다나리연구소는 레즈비언, 양성애자, 트랜스젠더에게 목소리를 주고 그들의 권익을 위해 노력한다. 이 연구소는 인도네시아 전역에 있는 레즈비언들에게 힘을 주었으며, 레즈비언의 재생산 건강, 성적 권리, 자아 수용을 다루는 다양한 교육 프로그램도 진행했다. 수많은 레즈비언이 이에 영향을 받아 마카사르Makasar의 레즈비언 노동자들로 구성된 KIPAS 같은 자신들만의 조직을 만들기 시작했다. 람풍Lampung의 겐디스Gendhis가 젊은 레즈비언 그룹이라면 수라바야의 디파요니Dipayoni는 나이 많은 레즈비언들과 함께하려 한다. 레즈비언들의 다양한 활동은 여성 운동과 많이 겹친다.

성 소수자 운동은 자카르타에 최초의 와리아 조직이 생기면서 시작되었다(와리아는 남성에서 여성으로 성 전환한 사람, 여장 남자를 일컫는 인도네시아 말이다: 옮긴이). 1969년 자카르타에 와리아 연합Himpunan Waria Djakart: HIWAD이 설립되었고, 그 후 자카르타의 주지사 알리 사디킨의 적극적인 도움을 받았다. 1978년 수라바야에도 수라바야시 와리아 연합, 즉 페르사투안 와리아 코타 수라바야Perwakos가 창설되었다. 그때만 해도 사회는 와리아를 잘 받아들였으나 지금 그들은 사회적으로 더 무시받고, 정부 · 지역 사회 · 가족으로부터 수많은 폭력과 차별을 겪을 만큼 상황이

문제들을 대변하는 15개의 분과가 있다. 이 가운데 15분과는 레즈비언, 양성애자, 트랜스젠더(여성에서 남성으로 전환한) 문제를 다룬다.

변했다. 지방정부는 그들을 급습해 고문, 구타, 살인, 체포를 자행했으며, 와리아는 이 모든 것을 고스란히 당하고 가족과 사회에 걸맞은 기존 젠더를 따라야만 했다(Oetomo, 2006). 와리아는 종종 몸이나 팔면서 길거리 여기저기를 떼지어 몰려다니는 인간쓰레기로 여겨졌고, 체포되고 습격을 받기 일쑤였다.

국가여성인권위원회, 즉 콤나스 페렘푸안Komnas Perempuan은 창설 이후 해마다 여성에 대한 폭력 보고서를 발간했다. 2013년부터 이 위원회는 젠더 정체성에 기반한 폭력 보고서를 기획하고 발간하기 시작했으니 이제 와리아에 대한 폭력 자료가 콤나스 페렘푸안 보고서에 포함될 것이다. 이렇게 여성 운동은 운동의 토대로서 젠더의 두 범주만 인식하는 것이 아니라 젠더 정체성과 성적 지향의 문제도 함께 보기 시작했다.

1982년 후반에 첫 번째 게이 조직으로 람다 인도네시아Lamda Indonesia가 창립되었지만 오래가지 못했고, 『치어스 라이프스타일*Cheers Lifestyle*』이라는 이름의 잡지를 한 호 내는 데 그쳤다. 1985년 게이 욕야카르타 브라더후드Gay Yogyakarta Brotherhood가 만들어졌고, 『게이 매거진 자카*Gay Magazine Jaka*』를 발간했지만 이 조직도 오래가지 못했다. 1987년 말, 동자바 주의 파수루한에서 결성된 게이야 누산타라GAYa NUSANTARA: 이하 GN는 람다 인도네시아의 활동을 이어받아 지금까지도 열심히 성 소수자의 권리를 위해 싸우고 있다(Aphobiacrue, 2010). 그 후 GN은 게이들이 함께 모여 조직을 만들 수 있도록 힘을 북돋았다. 여러 조직이 1990년대에 만들어졌고, 발리 게이야 드와타Gaya Dewata in Bali, 시도아르조 게이야 델타Gaya Delta in Sidoarjo, 마카사르 게이야 셀레베스Gaya Celebes in Makassar, 람풍 게이램Gay Lam in Lampung, 반둥 게이야 프리안간Gaya Priangan in Bandung처럼, GN과 유사한 이름을 내걸었다. 1993년 인도네시아 레즈비언 · 게이 대회Lesbian & Gay Indonesia Congress가 욕야카르타

특별자치주 칼리우랑에서 열렸으며, 자카르타와 마카사르에서 40명이 참석했다. GN은 인도네시아레즈비언게이 네트워크JLGI를 조정할 권한을 가졌다(Islam 2009). 이 밖에도 GN은 『게이야 누산타라 회보』의 글을 통해 레즈비언들은 강해져야 하며 레즈비언으로서 사신의 성적 정체성에 자부심을 느껴야 한다고 격려하기도 했다. 이 회보에 연락처를 올린 수많은 성 소수자 그룹과 조직 덕에, 인도네시아의 다른 도시에 있는 레즈비언들이 서로 만날 수 있게 되었다. 그렇게 해서, 2000년에 레즈비언 그룹들이 스와라 스리칸디Swara Srikandi를 만들었으며, 인도네시아 레즈비언들의 첫 번째 미디어가 된 『스와라 스리칸디 회보』도 창간했다.

인도네시아 성 소수자 운동의 장애물과 원동력

인도네시아라는 나라가 되기 전의 수많은 섬의 역사에서 젠더의 사회적 구성은 두 가지 젠더뿐만 아니라 다른 것도 포함된 다양한 것이었다(Oetomo, 2001). 완두wandhu(자바어), 칼라라이calalai(나피에르어), 반찌banci(말레이어), 반두bandu(마두라어), 톰보이tomboi(말레이어) 등 민족마다 다양한 젠더 표현이 있는 데서 보듯이, 모든 개인이 젠더와 생물학의 사회적 구성에 들어맞지는 않는다. 한편, 부기족(남술라웨시)은 비수Bissu를 남성도 여성도 아니며 어떤 젠더 범주에도 속하지 않는 신의 대리인으로 여겼다. 비수는 부족장의 취임식 때 축복을 내리는 자이다(Latif, 2004). 무술로 유명한 포노로고Ponorogo[2](동자바 주의 21개 군 중 하나. 전통 춤 레옥 포노

---

2 자바의 전통 무용극 레옥 포노로고Reog Ponorogo에서, 와록*warok*과 겜블라칸*gemlakan*이 주인공인데 그들은 모두 남성으로 동성애 관계이며, 이 관계는 영적인 섹슈얼리티와 권력을 반영한다(더 알고 싶다면 *Gender and Sexuality in Asia and the Pacific*, 1999년 5권 2호 http://intersections.anu.edu.au/issue2/Warok.html를 보라).

로고의 고향: 옮긴이)에는 와록warok과 겜블라칸gemblakan이 있다(인도네시아어에서 와록은 '무사', 겜블라칸은 '남자 무희'를 의미한다: 옮긴이). 그 둘을 주인공으로 하는 무용극이 결혼식에서, 지역 행사에서 늘 공연된다. 이와 같이 공동체가 다른 성적 지향과 젠더 정체성을 수용하는 정도는 매우 다양하다.

인도네시아에 동성애라는 용어가 처음 등장한 것은 1970년대로 의학적·심리학적 필요 때문이었다. 그 후 1980년대부터 고학력층이 게이gay라는 말을 사용하기 시작했다. 이 용어는 HIV/AIDS란 의학적인 문제와 심리학적 사안과 연관되어 쓰였다(Varella, 2010). 데데 오에토모Dede Oetomo가 밝혔듯이, 1980년대 미디어가 여전히 동성애자들을 신기한 집단으로 묘사했다면, 1990년대는 HIV/AIDS를 게이와 연결짓기 시작했다(Pratiwi, 2012). 개혁기인 2000년대에, 인도네시아의 게이 조직들은 HIV/AIDS 프로그램에 주력하느라 인권 문제를 소홀히 하는 경향이 있었다. 게이들은 HIV/AIDS를 퍼뜨리는 이들로 낙인찍혔는데, 특히 1988년 발리에서 첫 HIV 사례가 보고되었을 때는 더욱 그러했다. 사람들 대부분은, 게이는 서구에나 있는 것이지 동양이나 인도네시아 문화와는 상관없다고 여겼다. 인도네시아에 동성애 집단이 존재하리라고는 상상조차 하지 못했다. 그러나 수라카르트타 왕국, 파쿠부워노 5세 왕Pakubuwono V 때 한 무리의 작가들이 1841년에 공동 집필한 『세랏 센시니(*Serat Centhini*)』(자바의 이야기와 가르침을 엮은 책: 옮긴이)를 보면, 남성들의 동성애 행위는 금기나 금지된 것이 아니라 공동체가 용인하는 것이었다(Caroline, 2010).

한편, 레즈비언도 인도네시아에서 전혀 낯선 존재가 아니었다. 마카사르Makassar에서, 레즈비언들은 헌터hunter 또는 부치butchi(헌터 또는 부치는 일상 생활에서 남성 역할을 하는 여성을 말한다)와 라인즈lines 또는 팜femme(여성 역할을 하는 여성)이라는 자신들만의 용어를 가지고 있다. 자바에는 센툴

sentul과 칸틸kantil이라는 다른 용어가 있으며, 레즈비언 커플들은 가끔 '남편'과 '아내'라는 말을 쓰기도 한다. 이 말들은 다양한 지역에서 쓰이며 세대 간에도 쓰인다. 이 밖에도 그들의 젠더 정체성을 일컫는 용어들이 더 있다. 현재 젊은이들 사이에서 통용되는 용어는 벨록belok(퀴어queer)이다. 게이와 와리아 그룹과 비교해 볼 때, 레즈비언은 자신들의 운동을 이데올로기적인 것으로 여긴다. 이는 여성으로서 그리고 다른 섹슈얼리티를 지닌 이들로서 받은 이중적 차별 때문이다. 1980년대부터 여성 그룹들은 페미니스트 사안을 접하게 되었으며, 1990년대에는 많은 힘을 얻었다. 그럼에도 불구하고, 인도네시아에서 레즈비언들을 조직화하기란 게이와 와리아 그룹을 조직화하는 것보다 훨씬 어렵다. 그들은 대개 더 폐쇄적이고 소규모 그룹으로 활동을 많이 하며 미디어에 좀체 노출되지 않는다.

1998년부터 2000년 사이, 인도네시아의 성 소수자 운동은 여전히 레즈비언, 게이, 그리고 트랜스젠더(여장 남자, 남장 여자)의 범주로 나뉘었다. 그들은 각자 자신의 권리를 위해 싸웠으며, 서로 알아도 성 소수자로 뭉쳐서 활동하지는 않았다. '나이 많은 레즈비언 그룹'이 고수한 편견은 레즈비언과 게이가 함께 그룹을 형성하지 못하게 했다. 게다가 레즈비언과 와리아는 서로 비슷한 젠더 표현을 지녔고, 일부 와리아와 레즈비언은 똑같은 젠더 정체성을 가지고 있음에도, 둘 사이에는 차이가 존재했다. 게이는 언제나 자신들의 문제를 표명하기 위해 홀로 고군분투했지만 HIV/AIDS 프로그램을 통해 와리아와 쉽게 협력할 수 있었다.

2008년 GN은 성 소수자 그룹을 위한 활동가 학교Activists School for LGBT groups를 만들 계획을 세웠으며, 이는 모든 그룹이 모여 서로를 알게 되는 기초가 되었다. 이를 계기로 이들은 권리 옹호를 위해 함께 일하기 시작했다. 그 후, 이들은 사회 문제와 인권 문제에 민감해졌다. 2010

년 3월, GN 사무실을 봉쇄했던 급진적인 무슬림 집단인 무슬림스 포럼Muslims Forum이 수라바야에서 열린 국제 성 소수자 대회를 공격했다. 폭력이 발생했는데도 경찰은 수수방관했다. 이 사건이 터지고 나서, 이들은 인도네시아 전역의 23개의 조직을 포함한 LGBTIQ 포럼이라는 그룹을 만들어 함께 행동할 발판으로 삼았다. 이 포럼을 통해 성 소수자 활동가들은 서로 알게 되고 어울리게 되었으며, 함께 자신들의 권리를 주장하기 시작했다. 이에 더해, HIV/AIDS 문제 논의에 집중하고 함께 지지하는 GWLGay Male Transsexuals and Others(게이 남성 트랜스섹슈얼과 다른 사람들)과 같은 조직도 생겼다. GWL은 인도네시아 여러 도시에 회원들을 가지고 있다.

인권과 성 소수자

2004년, 법무인권부 인권국장은 공식적으로 명확하게, 레즈비언, 게이, 양성애자, 트랜스젠더 등 성 소수자LGBT를 보호받아야 할 특수 그룹에 포함시켰으며, 이것을 국가인권정책기본계획National Action Plan on Human Rights: RAN HAM으로 세웠지만 아직까지도 그 계획은 구체화되지 않았다(Oetomo, 2006). 인도네시아 성 소수자 인권을 감시하고 기록하는 프로그램을 통해, GN은 인권 문제와 함께 이들을 주류화하고 '주류 민주화' 운동가들과 관계를 맺기 위해 애썼다. 이것이 성 소수자가 자신들이 당한 인권 침해 문제를 기록하게 된 시작이다. 사례들은 무수했지만 보고된 것은 많지 않다. 21개의 성 소수자 조직과 19개의 '주류' 단체가 성 소수자 인권 프로그램에 참여하게 되었다. 이 프로젝트는 모든 성 소수자 그룹이 겪은 인권 침해를 기록하는 것이다. 이는 성 소수자가 자신들의 문제만 말하는 것이 아니라 다른 이들의 처지도 살펴보면서, 자신들의 삶에 영향을 주는 인권 문제에 대한 좀 더 세심한 민감성을 보여 주기 위함이다. 이 밖에도, 주류 그룹들을 성 소수자 문제에 참여시키고 이들에게 성 소수자가 당한 폭력을 알리려는 노력이 있었다. 여기서 GN은 인도네시아 성 소수자 인권 향상에 중요한 역할을 하고 있으며, 여러 사람이 이 문제에 참여해 이를 인권이라는 개념틀에 들어갈 수 있도록 노력하고 있다. 2012년, GN재단의 이사인 데데 오에토모는 국가인권위원회 위원으로 출마해 성 소수자 문제를 주류에 편입시키려 했다. 그러나 그는 지역 사회의 거센 반발로 선출되지 못했으며 상황은 이전보다 더욱 악화되었다. 2012년 10월, 인도네시아 서베이 서클Indonesian Survey Circle에서 실시한 조사에 따르면, 인구의 80%가 동성애자들 가까이에 사는 것을 꺼리며 동성애자를 이웃으로 두고 싶어하지 않았다.

그래서 성 소수자 운동이 극복해야 할 문제가 두 가지 있다고 볼 수 있다. (1) 미디어는 성 소수자를 정신적인 문제가 있는 병자로 묘사한다. (2) 성 소수자를, 특히 게이와 와리아를 HIV/AIDS를 퍼뜨리는 이들로 낙인찍는다. 그래서 게이와 와리아는 HIV/AIDS에 취약한 이들의 표적이 되기도 한다. 게이와 와리아의 HIV/AIDS 예방을 위한 프로젝트가 계속 시행되고 있음에도 불구하고, 의미 있는 결과는 아직 얻지 못했으며 HIV에 감염된 게이와 와리아의 수는 꾸준히 증가하고 있다. 지금이 성 소수자가 자신들의 권리를 위해 싸울 관점과 수단으로서 인권을 다뤄야 할 때이다. 이 밖에도 인권은 그들을 하나로 뭉치게 하고 자신들의 이해관계를 말하게 하는 중요한 수단이 되었다.

이 모든 사회 운동에 동참한 성 소수자와 함께하면서, 나는 성 소수자를 포함해서 많은 이가 사회 규범과 종교적인 이유로 결혼해야만 하기 때문에 여성들이 이 문제들에 노력해야 할 필요성을 느끼게 되었다. 어떤 이들은 자신을 보호하기 위해 위장 결혼을 하기도 하며 어떤 이들은 매우 짧은 결혼 생활을 하기도 한다. 이 같은 상황에서 사회가 그들이 무엇이며 누구인지 받아들일 수 없다면, 여성과 남성 모두가 언제나 피해자가 되고 말 것이다.

참고 문헌

Aphobiacrue (2010, January 01), "Gerakan Kaum Homo di Indonesia" ("The Movement of Homosexual people in Indonesia"), *Dari Aphobiacrue's Blog: Hidup adalah perjuangan tanpa henti-henti (Life is a struggle without ceasing)*, http://aphobiacrue.wordpress.com/ 2010/01/01/gerakan-kaum-homo-di-indonesia (accessed December 3, 2012).

Caroline (2010), "Homoseksualitas: Kenangan Zaman Bapak saya" ("Homosexuality: the Memory of My Father's Time"), *Things Are Queer*, March 31, http://queernation.wordpress.com/2010/03/31/homoseksualitas-kenangan-zaman-bapak-saya (accessed December 6, 2012).

Islam, F. P. (2007), "Kebohongan Peristiwa Mei 1998 Terungkap" ("Life Events May 1998 Revealed"), *dari Front Pembela Islam (Islamic Defenders Front)*, April 1: http://fpi-online.blogspot.com (accessed December 2, 2012).

Islam, T. S. (2009), "Gerakan Kaum Homo Di Indonesia" ("The Movement of Homosexual people in Indonesia"), *dari Bombardir Situs Anti Islam (Bombsai)*, January 24, http://bombsai.multiply.com/journal/item/ 81/Gerakan-Kaum-Homo-di-Indonesia?&show_interstitial=1&u= %2Fjournal%2Fitem (accessed December 5, 2012).

Latif, H. (2004), *Bissu: Pergulatan dan Perannanya di Masyarakat Bugis (Bissu: Struggle and their Role in Bugis Society)*, Yogyakarta: Desantara.

Oetomo, D. (2001), "Homoseksualitas di Indonesia" ("Homosexuality in Indonesia"), *Memberi Suara Pada Yang Bisu (Giving Voices to the Silent)*, ed. Dalam D. Oetomo, Yogyakarta: Galang: 36-39.

______ (2006), *Memperjuangkan Hak asasi Manusia berdasarkan Identitas Gender dan seksualitas di Indoneisa (Struggle for Human Rights based on Gender Identity and Sexuality in Indonesia)*, August 15-16, Bali: Kuta.

Panggabean, S. R. & Benjamin Smith (2011), "Explaining Anti-Chinese Riots in Late 20th Century Indonesia," *World Development*, 39(2): 231-242.

Perempuan, K. (2008), "10 Tahun Tragedi Mei 1998" ("10 Years May 1998 Tragedy"), *Saatnya Meneguhkan Rasa Aman, Langkah Maju Pemenuhan Hak Perempuan Korban Kekerasan Seksual (The Time to Affirm Sense of Security: A Step Foward to Fulfilling Women's Rights for Sexual Victims)*, Jakarta: Komnas Perempuan.

Pratiwi, M. I. (2012, June 01), "Membangun Kekuatan Untuk Perjuangan Identitas Homoseksual"("Building Strength for Struggle for Homosexual Identity"), *Koran Pembebasan (Freedom Newspaper)*: http:// koranpembebasan. wordpress.com/2012/06/01/membangun-kekua tan-untuk-perjuangan-identitas-homoseksual (accessed December 2, 2012).

Varella, H. (2010), *Gender dan Seksualitas: Sebuah Kajian Etnografi, (Gender and Sexuality: An Ethnographic Study)*, June 29 Herman Varella's Blog: http:// hermanvarella.wordpress.com/gender-seksualitas-bangsa- dan-negara (accessed December 2, 2012).

제2부

여성 인권과 노동

5 버마의 정치적 혼란 속의 카친족 여성

잉 르윈

개요

카친족은 내전과 인권 침해로 고통받으면서도 기본권을 위해 싸우고 있다. 특히 카친족 여성이 큰 고통을 겪고 있다. 이 글은 분쟁이 지속되는 가운데, 카친족 여성의 일상과 그들 공동체의 지원 체계를 집중적으로 살펴볼 것이다. 또한 카친의 역사적 배경과 1994년 체결된 휴전협정이 2011년 6월 깨진 것을 비롯해, 정치적 권리를 쟁취하기 위한 혁명 운동도 다룰 것이다. 끝으로, 중국-버마 국경 지역의 국내 난민들의 상황과 카친족 여성의 인신 매매 현황도 다루고자 한다.

서론

나의 조국 버마는 동남아시아에 있으며, 여러 소수 민족이 있지만 크게 여덟 개의 민족, 카친Kachin, 카렌니Karenni, 카렌Karen, 친Chin, 몽Mon, 버마Burman, 라킨Rakhine, 샨Shan족이 있다. 인구의 60%를 차지하는 가장 많은 버만족을 제외한 주요 민족 집단은 각자 그 민족의 이름을 딴 주州를 가지고 있다. 소수 민족들의 주에는 석유, 가스, 동, 목재, 비취와 금 같은 천연 자원이 풍부하다. 영국 식민지가 되기 전, 이 민족들은 자기

카친 주 지도

영토에서 자신들의 족장이나 지도자와 함께 독립적으로 살았었다. 영국이 이 나라를 통치했을 때, 하부 지역Lower Burma은 버마법Proper Burma Act이 적용된 반면, 고산족에게는 고산족 규제법Hill Tribe Regulation Act이 적용되었다(영국인들은 저지대 벼농사 지역 사람들을 'Proper Burma'라고 부르고, 산악 지대에 사는 사람들은 고산족이라 불러 구분했다: 옮긴이).

버마가 식민 통치로부터 벗어나려 할 때, 버마의 지도자 아웅 산 장군은 독립을 위해 버마를 연합시키고자 소수 민족들을 찾아가 그들의 지도자들을 조직했다. 그는 또한 이 나라의 모든 민족에게 동등한 정치적 권리를 보장하는 연방민주국가를 세울 것도 약속했다. 영국으로부터 독립하기 전인 1947년에, 민족 지도자들은 버마국가연합Federal Union of Burma을 만드는 데에 동의했다. 그러나 아웅 산 장군은 곧 암살되었고 국가연합은 실현되지 못했다. 결국, 대부분의 민족 집단은 그 후 정치적

카친 지역의 전통적인 마나우 기둥(축제와 제례의 장소)

권리를 얻기 위해 무장 저항 단체를 조직해 중앙 버마군과 싸우고 있다(The Burma History에서 인용). 카친족도 여기에 포함되며, 그들은 내전으로 모진 고통을 겪고 있다. 이어서 카친의 역사적 배경, 내전의 영향 속의 카친족 여성의 삶, 현 정치적 상황과 여성의 역할을 살펴보겠다.

카친의 역사적 배경

카친족은 징포Jinghpaw, 마루Maru, 라쉬Lashi, 랑Rawng, 자이와Zaiwa, 리수Lisu라고 불리는 여섯 개의 하위 부족을 총칭하는 말이다(*The Kachin Background*에서 인용). 이들 대부분은 버마 북부에 위치한 카친 주에 살고 있으며 일부는 중국과 인도에 거주한다. 카친족은 대대로 고산지대에 살았으며, 산비탈에 주로 쌀과 옥수수를 재배했고, 독립된 지역에서 족장이 다스렸다. 영국의 식민지가 되기 전에는 정령精靈을 숭배했지만, 식민지 때 기독교가 전파된 뒤로는 카친족 대부분이 기독교로 개종했다. 카친족은 버마의 다른 민족들과 함께 버마 연방the Union of Burma에 자발적으로 참여했고, 1947년 팡 롱 협정에 서명했다(*The Kachin State*에서 인용).

카친 지역은 천연 자원이 매우 풍부하나 정작 카친족은 그 혜택을 누리지 못했다. 독립 후, 중앙집권화된 정부와 국회는 버마족이 독점했고, 이들은 다른 민족들을 차별했다. 이에 카친족은 버마 정부에 대항하는 저항운동을 일으켰다. 1961년에 카친독립기구KIO라 불리는 정치 집단과 함께 카친독립군KIA이 결성되었다. 버마에서 이들의 영향력은 막강하다(*Driven Away Report*에서 인용). 30년이 넘도록 카친 반군은 정치적 권리를 얻기 위해 버마군과 싸웠다. 그 전쟁은 카친족에게 빈곤과 많은 피난민을 남겼다. 1994년 카친 지도자들은 버마 군부와 휴전 협정을 맺었다. 이와 함께, 버마 정부는 카친독립군에 자치권과 토지 개발권을 보장했다. 그러나 버마 정권은 카친 주에 주둔군을 확대하기 위해 휴전을 악용했고, 천연 자원을 갈취했다. 카친족에게 그 어떤 정치적 양보도 없었으며, 버마군은 카친족을 대상으로 토지 몰수, 강탈, 강제 노동과 여성에 대한 폭력 등 광범위한 인권 침해를 자행했다(*Driven Away Report*에서 인용).

카친의 현재 정치 상황

2008년 5월에 사이클론 나르기스가 버마 삼각주를 강타해 10만 명 넘게 목숨을 잃고 100만 명이 이주해야 했음에도 불구하고, 그 달에 버마 정부는 신헌법에 대한 찬반 국민투표를 실시했다. 국제 사회는 사이클론 후 자국민에 대한 도움을 차단하고 재난이 강타한 직후에도 국민투표를 감행한 버마 정부를 비난했다. 국민투표에서는 온갖 부정이 만연했다.

난민 캠프 전경

국민들은 신헌법에 찬성하도록 강요당했으며, 공무원들은 투표 결과를 속였다(Human Rights Watch Report, 2008).

2009년, 버마 정권은 소수 민족 반군 단체들의 국경수비대BGF 전환을 명령했는데, 이는 그 단체들이 자동적으로 버마군 통제 하에 놓이게 됨을 의미한다. 카친독립군은 국경수비대가 될 것을 거부하는 대신, 카친지역수비대Kachin Regional Guard Force가 되는 것을 제안했다. 카친 지도자들과 버마 정권은 몇 차례 만남을 가졌으나 정치적 합의점에 도달하지 못했다. 그 후, 버마 정권은 카친 지역에 더 혹독한 규제를 가했다. 이 시기에 일부 카친 지도자들은 2010년 총선에서 경쟁할 정당을 만들려고 했으나 버마 정권은 그것을 방해하고 대신 친정권적인 다른 카친 지도자들로 하여금 정당을 만들게 했다(EBO Analysis Paper, 2010). 버마 정권은 국제 사회에 선거가 공정했으며 모든 민족이 참여했다는 것을 보여 주고 싶어했다.

난민 캠프에서의 삶

그래서 새로운 카친 정당에 경제적인 지원을 하고 샨족과 버마족 등 카친 주에 사는 다른 민족 집단도 참여케 했다(http://kachinnews.com).

그러는 한편, 버마 정권은 카친 주에 있는 강에 대규모 수력발전 댐을 건설하기 위해 중국 기업들과 계약했으며, 카친 군대가 댐 지역에서 떠나도록 압력을 가했다. 2011년 6월 9일, 버마군이 카친독립군을 공격함으로써 17년간 유지되던 휴전협정이 깨졌다. 카친독립군과 버마군 간의 전쟁은 2년 가까이 지속되었으며, 아직도 그 끝이 보이지 않는다. 양측 지도자들은 여러 번 만났으나 새로운 휴전협정을 맺거나 정치적 대화를 나누지는 못했다. 이 갈등으로 카친독립군이 통제하는 대부분 지역에서 10만 명 넘은 카친 민간인들이 고향을 떠나 피난을 가야 했다. 버마군은 수많은 인권 침해를 자행했으며 성적 학대, 강제 노동, 임의 체포, 고문과 살인을 맘대로 저질렀다. 대부분의 난민은 중국-버마 국경을 따라 늘어선 난민 캠프에 머무르고 있으며, 미치나Myitkyina, 바모Bahmo, 남칸Namhkan과 같은 도시로 피난을 떠난 이들도 있다. 약 7,000명의 난민이 중국으로 피난을 갔으나 중국 정부는 2012년 8월 그들을 강제 송환했다. 그들은 고향으로 돌아갈 수 없으므로 카친독립군이 통제하는 지역의 피난처에 머무르고 있다(Human Rights Watch Report, 2012). 버마 정권은 난민들에 대한 인도적 지원을 차단했으며, 그들에게 도움을 주지 말라고 NGO와 국제 기구에 강력히 경고했다(http://www.kachinwomen.com). 그래서 카친 지역의 단체들은 이들을 도울 기금을 조성하기 위해 위원회를 결성했다. 난민들에 대한 원조는 대부분 민간 기부, 현지와 해외 공동체에서 나온다. 유엔 기구와 다른 국제 기구로부터의 도움은 극히 일부만 카친 난민들에게 전달된다(KWAT 보고서 인용).

카친족 여성의 상황

카친 공동체는 전통적으로 남성 지배적이었다. 남성의 명령에 복종하지 않는 여성은 거의 없다. 여성은 가사를 담당하고 가족을 돌봐야 한다. 카친족 남성이 지역 사회, 종교 행사, 정치와 가족에서 주도적인 역할을 하는 반면, 여성은 요리, 청소, 빨래, 육아와 손님 접대를 주로 담당한다. 그러나 최근 약물 중독에 빠진 남성이 늘어났고 많은 이가 무장 저항 단체에 가담하여 가족을 부양하지 못하게 되었다. 이는 카친족 여성에게 큰 부담이 되었다. 남성이 정치적 권리를 얻기 위해 투쟁할 때, 여성은 아이들을 기르면서 가족 생계를 위해 돈도 벌어야 한다. 카친족 가정에서 여자 아이들은 엄마와 가족을 도와야 하며, 이런 이유로 일찍 학교를 그만두기도 한다. 농촌 여성들은 가족을 돌봐야 하기 때문에 가정 밖에서 생활 기술을 배울 수 있는 기회가 없다. 그래서 이 여성들이 일을 하

땔감을 짊어진
카친족 여인

거나 다른 지역으로 이동하려 할 때, 타인에게 더 의존하게 된다. 농촌 여성들은 마을과 그 지역에서 무슨 일이 벌어지고 있는지도 모른다. 가족 내에서도 뭔가를 주도한 적이 없기 때문에 대중 앞에 나서거나 말하기에는 자존감이 부족하다. 그러므로 극히 소수의 카친족 여성만이 공적 영역, 사적 영역의 의사 결정에 관여하고 있다.

카친족 여성과 인신 매매

카친 주는 중국과 접하고 있으며, 대대로 국경 지역에 사는 이들은 중국인들과 좋은 관계를 유지해 왔다. 그들 중 일부는 중국어를 유창하게 하며 국경 너머에서 일하기도 한다. 카친 주에 천연 자원이 풍부해도 이 지역에서 구할 수 있는 일거리는 그리 많지 않다. 버마 정권은 1988년부터 국경 무역을 개방했고, 1994년 카친 반군이 휴전 협정을 맺은 다음부터 카친 주에 투자할 해외 기업을 많이 유치했다. 지역 주민들에게는 해외에서 유입되는 대규모 투자금과 경쟁할 만한 자본이 없었다. 또 다른 문제는 버마 정권이 소규모 사업을 지원하지는 않고 토지를 몰수해 사업가들에게 팔았다는 것이다. 그 결과 카친인들은 더욱 가난해졌다. 이런 이유로 많은 이가 중국, 인도, 태국 같은 이웃 나라로 이민을 갔다. 가족과 형제자매를 부양하려면 카친족 여성들도 이민을 떠나야 했다. 농촌 여성들은 대부분 멀리 가 본 경험이 없기 때문에 이동을 해 본 적이 있는 다른 이들에게 의지할 수밖에 없다. 최종 목적지까지 데려다 주고 일자리 찾는 것을 도와 주는 이들이 있는가 하면, 중국의 성매매 업소와 안마 시술소에 소녀와 여성들을 팔아 넘기는 이들도 있다. 1992년부터 2007년까지 카친태국여성연대가 시행한 연구에 따르면, 243명의 여성이 중국으로 팔려 갔다. 그들은 착취당하고 중국 가정, 성 산업, 마사지 시술소로 팔려 나갔다. 중국에는 외동아들만 있는 가정이 많기 때문에 어떤 여성들은 중국 오지에 신붓감으로 팔려 간다. 중국 남성이나 성매매 업소가 지불하는 금액은 대략 800~3,500달러(약 85만 원~374만 원: 옮긴이)이다. 이 거래에 종사하는 브로커나 인신매매업자들이 그 돈을 전부 착복한다. 브로커가 소녀가 번 '봉급'의 명목으로 가족에게 약간의 돈이라도 부치는 경우는 거의 없다. 중국 남성들이 신붓감을 구하러 오는 시장이나 공원으로 매매된 여성들을 끌고가기도 한다. 도망을 치면, 브로커가 잡아와서 마구 구타한다. 때로는 3일 동안 음식도 주지 않고 방에 가두기도 한다. 중국 남성과 결혼하기 싫으면 여행 경비, 식대, 그 밖의 돈을 모두 갚아야 한다. 이렇게 매매된 여성 대부분이 빚을 지고 있다. 카친족 여성은 주로 윈난雲南 지방으로 팔려 가며, 일부는 중국 동부의 산둥山東

지방처럼 먼 곳으로 팔려 가기도 한다. 카친족 여성을 산 중국 가정은 그 여성이 도망칠까 두려워 가족과 연락하지 못하게 하기도 한다. 매매된 여성들은 팔려 가고 나서 수년이 지난 다음에야 겨우 가족들과 연락할 수 있었다고 한다(*Driven Away Report*). 2011년 6월 카친 반군과 버마군 사이의 충돌이 재개된 후, 10만 명이 넘는 카친인이 중국-버마 국경 지대로 피난을 떠났으며, 중국으로 팔려 가는 가난한 카친족 여성은 계속 늘어나고 있다.

현재 상황에서 카친족 여성의 역할

이 위기 속에서 카친족 여성은 다양한 방식으로 공동체에서 활동하고 있다. 무장 투쟁을 하는 카친독립군에 가담하기도 하고 건조 식량을 만들어 전방에 보내기도 한다. 어떤 이들은 전방에 있는 카친군에게 위문 편지를 써 보내며, 또 어떤 이들은 카친 문제를 알리고자 글, 시, 뉴스를 쓴다. 가족 생계를 마련할 수 있게 여성들을 모아 전통적인 직조 기술을 가르치는 이들도 있으며, 난민 캠프를 방문해 슬픔에 빠진 이들을 위로하는 여성들도 있다. 자원봉사팀에 참여해 고향을 떠나 피난 온 카친인을 돕기도 한다. 어떤 여성 단체는 캠프에 있는 카친 실향민에게 젠더, 인권, 여성의 권리, 아동의 권리와 같은 문제들을 교육하기도 한다. 카친태국여성연대와 같은 지역 중심의 조직은 국제 사회의 지지를 이끌어 내기 위해 인권 침해 사례들을 모아 자료집을 발행했다. 카친태국여성연대는 군사적 충돌이 시작된 이래 버마 정권이 자행한 인권 침해 관련 보고서를 여러 권 펴냈다(www.kachinwomen.com). 이 단체는 해외 기부로 기금을 조성하여 내전으로 고통받는 카친인을 돕고 있다. 이제 카친족 여성은 평화를 모색하는 데 정치 지도자들과 어깨를 나란히 하고 참여하기도 한다.

결론

국제 사회에서 많은 사람이 버마가 민주정부로 개혁하기 시작했다고 생각한다. 그러나 그 개혁 과정을 자세히 들여다보면 그것이 허울뿐임을 알 수 있을 것이다. 군대는 여전히 법망에서 벗어나 있으며 정부는 소수 민족의 동등한 권리를 인정하지 않고 있다. 버마 정권은 카친 반군뿐만 아니라 다른 민족 반군에게도 대규모 군사 공격을 감행했다. 아라칸 주州에서는 무슬림과 불교도 간의 심각한 대립이 있다. 이에 더해 무늬만 문민정부인 버마 정부는 2012년 버마 중부에 있는 렛파다웅Letpadaung 구리 광산 문제로 평화적인 시위를 벌이고 있는 이들을 폭력적으로 진압했다.

정부와 카친 반군 간의 협상 과정을 살펴보면, 정부는 카친 주의 주요 문제들을 해결할 의지가 없음을 알 수 있다. 전쟁은 계속되고, 수만 명의 난민 여성과 아동의 고통이 늘어나고 있으며, 분쟁 지역의 여성들을 포함해서 시민들에 대한 인권 유린도 증가하고 있다. 국제 사회는 버마 정부가 카친을 포함한 버마 소수 민족들에 대한 군사적 침략을 중단하고 정치적 대화를 통해 진정한 국가연합을 이룰 수 있도록 압력을 가해야 한다. 평화 협상뿐만 아니라 사회 곳곳에서 젠더 평등을 위해 일하는 카친족 여성을 지원하는 것 역시 중요하다. 세계 여성들과 네트워크를 만드는 것은 카친족 여성에게 큰 힘을 줄 것이다.

참고 문헌

"Driven Away Report," available from http://www.kachinwomen.com/images/stories/publication/driven_away.pdf.

"EBO Analysis Paper," available from http://euro-burma.eu/doc/EBO_Analysis_

Paper_No_2_2010_The_Kachin%27s_Dilemma.pdf.

"Human Rights Watch Report" (2008), available from http://www.hrw.org/news/2008/04/30/burma-referendum-sham.

"KWAT Report," available from http://www.kachinwomen.com/images/ stories/publication/from_persecution_deprivation.pdf.

"The Burma History," available from http://en.wikipedia.org/wiki/History_ of_Burma.

"The Kachin Background," available from http://htoigintawng.over-blog.com/article-the-kachin-historical-background-50860874.html.

"The Kachin State," available from http://en.wikipedia.org/wiki/Kachin_State.

www.kachinwomen.com

http://kachinnews.com/news/1706-udpks-inaugurates-head-office-in-myit-kyina.html.

http://www.hrw.org/news/2012/08/24/china-refugees-forcibly-returned-burma.

http://www.kachinwomen.com/images/stories/publication/repor_%20book.pdf.

6 주거권과 토지 점유권 확보를 위한 마닐라 도시 빈민 여성의 조직화

마리아 크리스티나 후라도

개요

빈민 가정의 주거와 기본적인 복지에 대한 권리는 다양한 국가법(필리핀 헌법 13조 9항과 10항, 그리고 도시개발주택법 또는 공공법 7279)뿐만 아니라 세계인권선언 25조 1항, 경제 · 사회 · 문화적 권리에 관한 국제 규약ICESCR 14조 2항(h)와 16조 1항(h), 그리고 필리핀 정부가 서명한 유엔인간거주위원회 2차 회의Habitat II Conference(1996, 이스탄불)와 같은 일련의 국제 협약에 의해 보장되고 보호받는다. 이를 토대로, 나는 주거권이란 인간과 여성 모두의 권리라고 생각한다. 그러나 이런 법들이 엄연히 존재함에도 불구하고, 주거권의 침해는 내가 활동하고 있는 지역 사회에서 여전히 일어나고 있으며, 특히 어린이들과 여성들이 힘없이 길거리로 내몰리고 있다. 나는 이것을 케손 시Quezon City의 굴로드 저지대Lower Gulod와 마닐라 시의 사우스레일 지역Southrail Communities에서 빈민 공동체를 조직하면서 무수히 보아왔다. 여기서 철도 복원 사업으로 인한 퇴거 문제에 더 많은 인원을 끌어모으기 위해 조직화의 주요 원칙들을 고수하면서 더 강한 전략과 방법론을 적용하게 되었다. 마닐라 시 톤도Tondo에서의 경험을 통해, 나는 가장 가난한 이들이 사는 지역에 붙은 오명이 조직화를 통해 변하는 것도 지켜보았다. 빈민들이 힘을 얻을 수 있도록, 나는 주거 보장과 토지 임대에도 효과적이었던 조직화 방법을 활용했다.

서론

이 글은 필리핀 마닐라에서 빈민촌 주민들을 조직화했던 나의 경험에서 얻은 교훈과 반성을 담고 있다. 2006년, TRICORPS(도시빈민연합UPA, 주민운동교육훈련원COM, 필리핀 기업 내 공동체 조직이라는 3개의 NGO로 구성)[1]가 미래의 주민 운동가들을 위한 교육을 실시할 때, 나는 운 좋게도 이 과정에 참여할 수 있었다. 총 13명이 참여했고, 각각 할당된 지역 사회에 있는 NGO로 배치되었다. 나는 도시빈민연합으로 배정되었는데 지금도 그 단체에서 활동하고 있다.

TRICORPS는 매달 주민 운동가 훈련 과정을 위해 주민운동교육훈련원이 내놓은 모듈을 따랐으며, 능력이 안 되거나 조직화 기술을 연마하지 못한 교육생은 탈락했다. 나는 케손 시 노발리치Novaliches의 굴로드 저지대에서 교육을 받았다. 이 교육 덕택에, 물과 전기 공급 차단 같은 온갖 종류의 탄압과 차별에 대항해서 싸울 수 있는 방법을 도시 빈민들에게 가르쳐 줄 수 있었고 도시 빈민들에게 더욱 많은 도움을 줄 수 있었다. 나는 도시개발주택법이나 1992년 제정된 공공법 7279에 의해 주거권이 법으로 보장된다는 것을 알게 되었다. 그 법에 의하면, 정부는 도시 지역 극빈자와 노숙자의 상황을 개선하고, 적당한 가격에 기본 서비스를 갖춘 제대로 된 집을 마련하고, 그들이 취업할 수 있도록 고용 기회를 창출함으로써 재정착시켜야 한다.

기존의 다양한 지역 사회 문제들은 마을 주민들을 조직화하는 데 커다

1 TRICORPS는 강제 철거 감시와 위기 상황 개입에 뛰어난 도시빈민연합, 주민운동가와 공동체 지도자 교육이 전문인 주민운동교육훈련원, 쟁점 중심의 조직화가 전문인 필리핀 기업 내 공동체 조직 등 세 개의 NGO로 구성되었다. 이 세 개의 NGO는 그들 각자의 지역 사회에서 공동체 조직화 활동을 하고 있다.

란 걸림돌이 되었다. 그래도 나는 이 역경들을 극복해서 나중에 주민들이 물, 전기, 토지에 대한 자신들의 권리를 주장하기 위해 정부와 교섭할 때, 자신들의 공동체를 대표할 수 있는 그들만의 대중 조직을 만들 수 있게 하리라 결심했다. 굴로드 저지대의 도시 빈민 가운데 남성은 가족 생계를 위해 일해야 하는 반면, 여성은 별다른 선택의 여지 없이 집에 있었으므로 이들을 이끌어 내야 했다. 하루 벌어 하루 사는 이 마을에서, 나는 주로 집에 남아 아이들을 돌보고 집안일을 하는 어머니, 아내들과 접촉했다. 어머니들의 설거지, 빨래, 물 길어오기를 도우면서 나는 그 동네 소문부터 여러 사안에 대해 대화를 나누었다. 또한 자신들의 문제를 말할 수 있게 주제별 집단 토의를 했으며, 그렇게 해서 나는 그들의 의견을 통합하고 스스로 문제를 해결할 수 있게끔 그들을 도울 방안을 모색할 수 있었다. 문제 해결을 위해 주민들을 움직인, 대중 조직의 중추 역할은 주로 여성들이 맡았다.

교육을 통해, 나는 도시 빈민에 대한 오명과 편견을 이해하고 깨닫게 되었다. 예를 들어, 도시 빈민은 종종 불법 거주자, 게으름뱅이, 범죄자, 기회주의자로 여겨졌는데, 이는 그들이 자립하거나 열심히 일해서 가족 생계를 위해 돈을 벌기보다는 자신들의 요구를 들어 주지 않는 정부에 대해 불만만 늘어놓는다는 인식 때문이었다. 도시 빈민의 삶을 직접 경험하기 전까지, 이런 잘못된 인식과 믿음은 그들에 대한 나의 시각과 태도에도 영향을 주었다. 이 편견을 깨고 나자, 도시 빈민에 대해 더 많은 것을 알게 되었고, 왜 그들이 여전히 가난한지 이해하게 되었다. 6개월 동안, 나는 여성들이 이끄는 주민 조직을 만들고, 집회, 간부 회의, 포커스 그룹 토의를 기획하고, 지방정부를 상대로 저렴한 물과 전기를 요구하고, 그런 공공 시설에 필요한 토지의 수용 및 보상을 요구하기 위해 주민들의 집단적인 움직임을 만들어 내는 법을 배우고 익힐 수 있었다. 마땅히 그들이 받아야 할 것을 위해 싸우는 법을 배웠기에, 이제 그들은 자신이 누려야 할 서비스를 얻어 내고자 노력할 수 있게 되었다. 무엇보다 자기 권리를 주장하고 목표를 위해 함께 행동함으로써 정부에 대한 주민들의 태도가 변해 갔다.

6개월 후, 나는 다행스럽게도 기초 주민운동 교육담당 과정을 통과했다. 노발리치에 있는 굴로드 저지대에서 집단행동을 통해 그 지역으로 수도를 공급하게 한 작은 성과 덕분이었다. 그때 나의 교육 담당자는 나에게 그 동네를 떠나 도시빈민연합이 활동하는 다른 지역으로 옮길 것을 권했다. 그래서 마닐라에 있는 사우스레일 공동체로 가게 되었다. 그곳에서 나는 필리핀철도공사PNR의 철도 복원 사업 때문에 대규모 철거를 당하게 된 마을을 조직화하는 데 힘을 보탰다. 고급 주민운동가 교육을 받으면서, 나는 판다칸에서 산타 크루즈를 아우르는 마닐라 사우스레일 지역의 일부를 담당하게 되었다.

2001년도에 취임한 글로리아 마카파갈-아로요Maria Gloria Macapagal-Arroyo 대통령은 필리핀철도공사의 북선Northrail과 남선Southrail의 복원을 주력 사회 기반 시설 사업이라 명하고, 이를 통해 마닐라 수도권 지역의 과밀을 완화하고 루손 섬 북부, 중부, 남부의 새로운 경제 성장에 박차를 가하고자 했다. 2007년 6월, 필리핀철도공사는 중국이 자본을 대는 북선을 남선과 연결하는 5천만 달러(약 533억 원: 옮긴이)의 공사 계약과, 마닐라 수도권을 루손 섬 중부와 연결하는 5억 달러(약 5,330억 원: 옮긴이)의 철도 공사 계약을 체결했다. 남북철도연결사업Northrail-Southrail Linkage Project[2]은 한국수출입은행에서 차관을 받아 사업비를 충당할 예

2 남북철도연결사업은 승객과 화물의 효율적인 운송을 위해 칼루오칸/투투반Caloocan/Tutuban에서 알라방Alabang까지 34km를 더하고(1단계), 라구나Laguna에 있는 산 페드로San Pedro, 산타 로사Santa Rosa, 카부야오Cabuyao와 칼람바Calamba와 같은 인접 도시

정이며, 이 사업으로 인해 사우스레일 지역에 거주하는 6만 가구가 퇴거해야 될 것이다.

2007년, 나는 마닐라에서 철길을 따라 있는 네 개 마을 판다칸Pandacan, 산타 메사Santa Mesa, 샘필록Sampaloc, 산타 크루즈Santa Cruz 주민들과 함께 일하기 시작했다. 네 개 마을에 약 5천 가구가 산다. 이전 지역보다 이곳에서 나는 더 치열하게 일했으며, 먼 곳으로 강제 이주당할 때 무시되었던, 토지와 주거 문제와 관련된 여성의 권리를 더 깊이 이해하게 되었다.

2008년, 나는 울링안Ulingan, 해피랜드Happyland, 노스 하버North Harbor, 이슬라 푸팅 바토Isla Putting Bato와 같은 마을과 일하기 위해 마닐라 시 톤도로 옮겼다. 값싸게 이용할 수 있는 물이 없다는 게 그들의 공통된 문제였다. 나는 이 지역 주민들이 지방정부와 협상을 하도록 도왔으며, 그 결과 3,000 가구에 물을 공급할 수 있게 되었다. 주민들은 수도세와 전기세를 절약할 수 있게 되어 매우 기뻐했다. 나는 토지 문제에 대해서도 이들과 함께 일했다. 북항 현대화 사업과 R-10 도로 확장 사업 같은 개발 사업 때문에 마닐라의 톤도 빈민촌은 철거 위협을 받았다.[3]

들을 연결해서(2단계), 기존의 필리핀철도공사의 통근 서비스를 활성화하려는 것이다. 이를 위해 한국수출입은행으로부터 5천만 달러(약 533억 원: 옮긴이) 차관을 얻을 예정이다. 이 사업으로 인해 사우스레일 지역의 6만 가구가 퇴거해야 한다.

3 화물과 승객 운송을 개선하기 위한 145억 필리핀 페소(약 3,464억 원: 옮긴이) 규모의 북항 현대화 사업은 어림잡아 1천 개의 임시 거주 가정을 철거할 계획이다. 이 사업은 재벌의 아이콘 레기스 로메로Reghis Romero와 문어발식 기업인 산 미구엘 사San Miguel Corporation가 소유한 마닐라 북항만 항구주식회사MNHPI와 중앙항만터미널주식회사HCPTI가 주도했다. 공공사업·도로부에서 시행하는 10번 도로 확장 사업은 항구에서 도착지까지 화물 트럭이 원활하게 다닐 수 있도록 R-10 도로를 넓히는 것이다. 이 사업으로 마닐라 지역에서 대략 2,500가구가 퇴거해야 될 것이다.

주거권

주거와 기본 복지에 대한 빈민 가정의 권리는 다양한 국가법(필리핀 헌법 13조 9항과 10항, 도시개발주택법 또는 공공법 7279[4])뿐만 아니라 세계인권선언 25조 1항, 경제, 사회, 문화적 권리에 관한 국제 규약 14조 2항(h)와 16조 1항(h), 그리고 필리핀 정부가 서명한 유엔인간거주위원회 2차 회의(Habitat II Conference 1996, 이스탄불)와 같은 일련의 국제 협약[5]에 의해 보장되고 보호받는다. 나의 과거 경험에 비추어볼 때, 빈민들이 이 권리를 알고 주장해야 존중받았다. 예를 들면, 케손 시 굴로드 저지대의 경우, 이들이 지방정부에 압력을 가하기 위해 조직화를 하자, 물과 전기를 공급받을 수 있었다.

주거권도 정부가 의무적으로 제공해야 하는 여성의 권리이다. 나는 국제법이 보장하는 주거권의 해석과, 퇴거 과정에서 이주 지역이 요구 조건에 맞는지 검토하는 수많은 질문에 대해 매우 잘 알고 있다. 주거권 보장은 종이에 명시되어 있을 뿐이며 공무원들은 종종 법을 무시하기 때문이다. 명백하게 계속되는 위법 행위는 피해자들에게 공정하지 못한 것이며, 주거권을 무시하는 것과 같은 법률 위반에 가장 취약한 이들은 주로 도시 빈민 여성들이다.

---

4 공공법 7279와 1992년에 제정된 도시개발주택법은 불법적이고 폭력적인 철거로부터 필리핀의 빈민 가정을 보호하며 제대로 시설을 갖춘 적당한 가격의 주택에 대한 권리를 보장한다.

5 이는 빈민 가정의 주거권과 복지를 보장하고 보호하는 세계인권선언 25조 1항, 경제, 사회, 문화적 권리에 관한 국제 규약 14조 2항(h)와 16조 1항(h), 민권센터The Civil Rights Center 5(e) (iii), 그리고 유엔인간거주위원회 2차 회의(1996, 이스탄불)와 같은 국제법을 포함한다.

여성들이 주거권 워크숍에 적극적으로 참여하는 모습

여성과 퇴거

철로변 마을 주민들을 조직화하면서, 나는 사마항 아펙타동 파밀야 사 라일즈Samahang Apektadong Pamilya sa Riles: SAPAR를 비롯한 여성 단체들이 벌인 투쟁을 볼 수 있었다. 이 단체는 지방정부와 국가 차원의 의사 결정에 참여하고, 철거와 강제 이주의 위협을 받는 빈민 가정들을 위해 철거를 방지하거나 멈추게 하고 적당한 주택을 공급하는 해결 방안을 모색하고 협상하기 위해 도시빈민연합이 조직한 대중 조직이다. 그들은 자신들의 요구를 관철시키기 위해, 그리고 관련 지역 주민들과의 협의 없이 강행하는 철도 사업의 자금을 차단하기 위해 필리핀철도공사, 글로리아 마카파갈-아로요 대통령, 주택공사National Housing Authority, 그리고 한국 대사관 앞에서 대규모 시위를 벌였다. 폭력 없는 퇴거, 적절한 이주 진행, 그리고 특히 주거와 관련한 인권의 증진과 보호를 요구하기 위한 것이었다.

퇴거와 이주의 영향

철거에 저항해 자기 집을 지키려다 살해된 마을 지도자 마이르나 포르카레Myrna Porcare의 경우처럼, 몇몇 도시 빈민은 집을 지키려다 목숨을 잃고 희생되었다. 마이르나 포르카레는 케손 시 페어뷰 북부North Fairview, 페차얀Pechayan에 있는 2.4헥타르의 땅에서 1,000 가구와 함께 20년 넘게 살았었다. 마이르나는 법원 명령을 어기고 땅 주인이 고용한 경비원들이 땅에 울타리를 두르려 하자 그것을 막으려고 했다. 그녀는 경비원들을 저지하려다 복부에 총격을 받고 사망했다. 그녀의 아들도 엄마를 도우러 왔다가 살해되었다. 결국 마이르나는 그녀에게 너무나도 소중한 집 때문에 죽은 것이다.

도시빈민연합의 퇴거 모니터링 프로그램 연구(근간)에 따르면, 퇴거는 남편과 아내의 별거 등 가족 성원들 간의 상호작용 패턴에 분열과 변화를 초래하기도 한다. 먼 곳으로 이주한 가정에서, 남성은 가족 생계를 위해 도시로 떠나간 반면, 여성은 대부분 집에 남아 아이들을 돌보았다. 남성들은 가끔 가족을 방문했으며, 때로는 도시에서 함께 살 여성을 따로 구하기도 했다.

이주한 사람들은 도시에 있는 직장에 계속 다녀야 하기 때문에 카리통karitons: 손수레에서 잠을 잘 수밖에 없었다. 이렇게 마닐라에서 주택과 토지를 소유하지 못한 도시 빈민의 수가 늘어났다. 정부 예산과 노력은 도시 빈민의 요구를 충족시키지 못하고 헛수고로 돌아갔다. 빈곤 계층보다 더 많은 혜택을 받는 부유층이 있는 반면, 이렇게 도시 빈민은 지속적이고 강력한 차별을 받고 있다.

주거권과 토지 점유권 보장을 위한 전략: 도시 빈민 여성의 조직화

나는 주민운동의 기본 원칙을 배웠다. 그것은 "사람은 자신의 이해 관계에 따라 행동한다"는 것이다. 도시 빈민의 이해 관계란 무엇인가? 문제 해결에서 이해 관계는 우리가 쟁점 중심의 조직화라 부르는 것이다. 기본적으로, 빈민은 사회 발전 과정의 중요 기여자로 인정받고자 한다. 모든 경제 활동과 공공 서비스와 공공 시설을 이용할 때도, 그들은 동등한 대우와 기회를 받아야만 한다. 도시 빈민들을 조직화하지 않고서는 이러한 것들을 얻어 내기가 쉽지 않다.

다양한 상황과 문제, 공동체 성원들 간의 관계의 역동성 때문에 빈민 조직화는 나에게 참 어려운 일이었다. 나는 조금씩 빈민촌에 대해 알아나갔고 그들이 겪었던 것을 경험하고 느꼈다. 이 모두가 조직화 과정의 일부였다. 나는 사울 알린스키Saul Alinsky가 『급진주의자를 위한 규칙 *Rules of Radicals: A Practical Primer for Realistic Radicals*』[6](1971)이라는 책에서 언급한 조직화 과정, 전략, 조직화 원칙들을 본보기로 삼았다. 이것들을 활용하면서, 나는 지역 주민들을 대상으로 한 의식 개발, 교육과 훈련, 주거권 관련 법규와 정책에 관한 정보 보급, 도시 빈민 마을이 물, 전기, 교육, 건강 시설과 같은 기본 서비스를 받게 하는 방법 등을 배웠다. 이 가운데서도 나는 도시 빈민 마을에서 대중 조직을 만들어 지원하고 강화하

6 사울 알린스키(1909-1972)는 미국 주민 조직가이자 현대 주민 조직화 운동의 창시자로 불린다. 대표 저서로는 『급진주의자를 위한 규칙』(1971)이 있다.

마닐라 시 톤도 노스하버 마을 철거 반대 시위

는 것을 전문적으로 했으며, 주민들은 곧 주거 관련해서 국가 공무원들과 협상할 수 있게 되었다. 그 과정에서 교회 그룹, 시민 사회 단체, NGO, 전문가 그룹, 민간 기업/그룹과 정부 책임자와 같은 다양한 네트워크와의 관계도 공고해졌다.

도시 빈민의 입장을 대변하고 그들의 요구를 표명하기 위해 국가 공무원과 대화하고 로비를 하면서 나는 효과적인 전략들을 계속해서 배워 나갔다. 내가 익힌 또 다른 전략은 힘을 보여 주고, 여성 집단을 부각시키고, 권리를 주장하기 위해 집단 행동을 하는 것이다. 이렇게 도시 빈민들은 힘을 얻게 되었다. 자신의 권리를 주장하게 되면서, (남녀) 지도자와 다른 성원들이 정부를 대하는 태도가 변했다. 최근 들어, 단지 여성으로서가 아니라 사회의 일원으로서 조직화하고 역량을 강화함으로써 사회에서 역할을 인정받는 여성의 수가 점차 늘어나고 있다.

결론

조직화 활동을 계속 해 가나면서 내가 속한 단체와 동료들의 도움으로 상당한 성과를 이룰 수 있었다. 예를 들면, 마닐라 시 산 미구엘San Miguel에 있는 레가르다Legarda 지역의 파트너 단체들 중 하나인 여성 단체는 필리핀 행정 구역 중 가장 작은 단위인 바랑가이barangay의 장長으로 구성원 여성 한 명이 선출되게 할 수 있었다. 2010년 3월, 나는 3,000명이 모인 집회를 조직하여 도시 빈민이 필리핀 대통령과 마닐라 시장에게서 약속을 받아내는 것을 지켜볼 수 있었다. 이 약속으로 사회 주택 건설에 500억 필리핀 페소(약 1조 1945억 원: 옮긴이)를 할당받았다.

나는 톤도 울링안 지역의 300가구, 케손 시 노발리치에 있는 굴로드 저지대의 1,000가구, 이슬라 푸팅 바토 톤도Isla Putting Bato Tondo 지역의 2,500가구 등 총 세 개 마을의 주민들을 조직화했다. 이들은 저렴한 식수와 전기와 같은 기본적인 서비스를 얻어 내기 위해 협상하고, 로비하고, 자신들의 권리를 주장할 수 있게 되었다. 그들은 수도관 건설 예산으로 국회가 690만 필리핀 페소(약 1억 6484만 원: 옮긴이)를 승인해 줄 것을 요구하기도 했다.

주택 구입비 마련을 위해 도시 빈민 가정들이 다 함께 힘을 합쳐 저축을 했다. 그것은 도시 빈민은 주택을 구입할 능력이 없다는 오명을 씻는 데도 효과적이었다. 구성원이 160명인 한 대중 조직은 80만 필리핀 페소(약 1,911만 원: 옮긴이)를 모을 수 있었으며, 그렇게 함께 저축을 하는 대중 조직이 여섯 개나 더 있다.

도시빈민연합의 파트너들 가운데 바세코Baseco에 있는 대중 조직 중에는 가방이나 수련睡蓮 제품, 분재를 만드는 것과 같은 생계 프로그램을 운영하는 여성 단체들도 있다. 울링안, R-10 톤도, 이슬라 푸팅 바토 톤

지역빈곤개선행동계획에 참가한 KOSMA의 대표들

도와 같은 공동체들은 물 협동조합을 만들었다. 이들은 마닐라 도시 빈민 단체들의 네트워크인 KOSMA(마닐라 지역의 조직단체연합)[7]의 회원 단체들이다. KOSMA에는 우리 그룹이 조직화한 39개의 대중 조직이 있으며, 이들 가운데 75%는 여성이 대표이다. KOSMA는 여성 대표가 80%에 이르고, 지역 차원에서 예산을 짜고 계획을 세우는 데 참여하는 지역주택위원회Local Housing Board: LHB와 지역빈곤개선행동계획Local Poverty Reduction Action Plan: LPRAP과 같은 특정 지역 단체에서 자신들의 입장을 대변하고 있다. 마침내 그들은 지역빈곤개선행동계획을 위한 마을 사업

7 마닐라 전역에 퍼져 있는 39개의 도시 빈민 단체들이 KOSMAKoalisyon ng mga Organisadong Samahan sa Maynila, 마닐라 지역의 조직단체연합이라는 이름의 연합체를 결성했다. 이들은 도시 빈민을 위한 안건, 구체적으로 마닐라 도시 빈민 가정에 마닐라 시 내의 주택을 공급하라는 요구를 분명히 내걸고 이를 실현하기 위해 압력을 가하는 것을 목표로 한다.

계획을 제출하고 승인받았는데 그것은 아래에서부터 시작된 예산 결정 과정을 위한 전략의 승리이다.

남겨진 과제

도시빈민연합이 승리를 이루었다 해도, 몇 가지 과제가 여전히 남아 있으며, 마닐라에서 주거권과 토지 점유권을 확보하려는 투쟁은 계속되고 있다. 나는 정부가 퇴거 명령으로 빈민 가정들을 위협해서 자발적으로 집을 철거하고, 포기 각서에 서명해 주택공사가 제공하는 외떨어진 곳에 위치한 공영 주택단지를 받아들이도록 압력을 가하는 것을 멈추게 하고 싶다. 포기 각서란 관련 가정이 공영 주택단지를 받아들였으며 이주한 곳에 문제가 발생해도 정부를 비난할 권리가 없음을 증명하는 서류를 말한다. 즉, 새 이주 지역에 수도와 전기가 공급되지 않는다 하더라도 이미 그들은 포기 각서에 서명을 했기 때문에 문제를 제기할 수 없는 것이다. 다른 과제는 필리핀 헌법과 도시개발주택법이 보장한 주거권 기준에 들어맞지 않는 법을 개정하는 것이다. 도시빈민연합과 그 외 협력 네트워크는 도시개발주택법(3조 (d) 주택 임대, (e) 위험 지대, (f) 협의, (g) 주택 협동조합과 5조, 8조, 10조, 16조, 18조, 23조, 28조, 40조)을 따르는 조항들을 만들기 위해 개정을 제의하고 있다.

공동체 차원에서, 도시 빈민들이 서로 다른 네트워크, 협력 단체, 파트너들 간의 연대와 지원을 공고히 하기 위해 도시 빈민의 상황을 전하는 문자 메시지(휴대 전화 대신 컴퓨터를 이용한 SMS 메시지 프로그램), 소셜 네트워킹(블로그와 페이스 북), 미디어 포럼과 소식지 발간 등 최신 기술을 이용하는 저항 방법을 강화할 필요가 있다. 그들은 도시개발주택법, 그리고 1992년 제정한 공공법 7279에도 명시되어 있듯이, 필리핀 정부가 도시

내의 주택을 도시 빈민에게 제공하도록 더 강력히 요구해야 한다.

우리의 파트너 대중 조직들이 그저 토지에 대한 권리를 설명하던 것에서 사회 발전에 따라 증가하는 도시 빈민 공동체의 다양한 요구에 맞추어 변신하는 것처럼, 여성들도 지도자로서 대중 조직에 깊이 참여할 만큼 변했다. 지역개발위원회, 여성아동보호지역위원회Local Councils for Protection of Women and Children, 지역주택위원회, 지역빈곤개선행동계획과 바랑가이와 같은 지역 단체 참여를 통해 나는 여성들이 자신의 주거권을 지킬 수 있도록 애써 왔다. 2010년 3월, 나는 3,000명이 모인 집회를 열어서 필리핀 대통령과 마닐라 시장에게서 도시빈민약속Urban Poor Covenant[8]을 받아낼 수 있었다.

조직화에 대한 요구와 필요에도 불구하고, 대부분의 NGO들은 재정 문제에 시달리고 있기 때문에 계속 일을 진행하기가 어렵다. 그러므로 NGO들의 존립 여부를 해결하는 것이 우리에게 과제로 남아 있다.

참고 문헌

Alinsky, S. D. (1971), *Rules for the Radicals: A Practical Primer for Realistic Radicals*, New York: Vintage Books(사울 알린스키, 『급진주의자를 위한 규칙』, 박순성 · 박지우 옮김, 아르케, 2008).

The Universal Declaration of Human Rights, Article 25.1; United Nation Human Rights, ICESCR, Articles 14.2(h) and 16.1(h); and Habitat II Conference (1996, Istanbul).

8 도시빈민약속은 도시 빈민 단체들과 노이노이 아키노 3세Noynoy Aquino III 대통령 간의 합의이다.

7 여성 의류 노동자들의 끝없는 불행: 방글라데시 라나 플라자 참사

샤미마 악테르

개요

더 나은 삶을 위해 방글라데시 시골의 가난한 여성들은 방글라데시 외화外貨 수입의 대부분을 차지하는 의류 산업에 종사하고자 도시로 떠난다. 의류 산업은 방글라데시의 운명을 바꾸어 놓았다. 의류 공장 소유주들의 운명도 바뀌었다. 그렇다면 과연 의류 산업에 종사하는 가난한 여성들의 운명은 얼마나 바뀌었을까. 공장에 취직했다고 해서 이 여성들이 능력을 갖추게 되었는가? 조사에 의하면 여성들은 노골적인 성 차별을 겪고 있다고 한다. 여성들은 인재人災와 자연재해를 포함한 모든 종류의 재난의 피해자가 되었다. 열악한 작업 환경은 항상 여성들을 강제 노동으로 몰아넣었으며 때로는 협박과 성희롱에 시달리게 했다. 2013년 4월 24일, 다카 북동쪽에 있는 사바르 시의 8층짜리 라나 플라자 건물이 붕괴했을 때, 불확실한 미래, 외상 후 스트레스 장애PTSD와 같은 또 다른 숨은 재난이 여성들의 삶에 닥쳤다. 경제 참여는 여성 의류 노동자들에게 어느 정도 경제적 해방을 가져다주기도 했다. 그러나 역설적이게도, 인재로 인한 여성들의 끝없는 불행은 '여성의 경제력 강화'의 의미에 의문을 제기한다.

서론

의류 산업 붐이 일어나기 전에는 방글라데시의 가난한 농촌 여성들이 취업할 곳이 그다지 많지 않았다. 있다 해도 주로 농업과 비공식 부문이었다. 의류 산업은 시골 여성들에게 새로운 취업의 장을 열어 주었다. 더 많은 돈을 벌고, 고향 마을에서 하던 일에 비해 안정적이기 때문에 의류 산업은 겉으로 보기에는 시골 여성들의 운명을 크게 변화시킨 것처럼 보인다. 이 글은 여성 의류 노동자들의 취업 전후 상황을 비교함으로써, 그들의 열악한 상황이 실제로는 크게 달라지지 않았음을 보여 주려 한다. 어떤 경우에는 취업 후 더 힘들어지기까지 했다. 근래 가장 참혹한 인재의 희생자였던, 라나 플라자Rana Plaza의 여성 의류 노동자들의 가혹한 현실은 남은 여생 동안 그들이 마주해야 할 숨은 재난의 전조이기도 하다. 이 여성 노동자들은 불확실한 미래를 헤쳐 나가야 하고 앞으로 평생 트라우마에 시달려야 하기 때문이다.

방글라데시 여성 의류 노동자의 배경

방글라데시는 가장 큰 의류 생산 중심지 중의 하나이다. 1980년대 이후 방글라데시의 구조적 경제 개혁으로 인해 의류 공장이 급속도로 늘어났다. 이 시기 동안 방글라데시는 규제 완화와 민영화를 통해 외국 자본에 경제를 개방했다. 최초의 의류 공장은 1976년에 문을 열었다(War on Want, www.waronwant.org/attachments/Stitched%20Up.pdf). 현재는 350만 명 이상이 전국에 있는 5,000여 개의 의류 공장에서 일하고 있다. 의류 공장 노동자의 거의 80%는 여성인데 특히 젊은 여성이 많아서 이들이 공장의 원동력 역할을 한다(Kakuchi, 2013). 방글라데시의 외화 수입 대부분이 의류 산업에서 벌어들이는 것이고 방글라데시는 세계에서 가장 의류 수출을 많이 하는 나라 중 하나이지만, 의류 산업 노동자들은 사실상 생활고에 허덕인다. 세계노동인권연구소Institute for Global Labor and Human Rights(www.globallabourrights.org/campaigns?id=0003)에 따르면, "방글라데시 의류 노동자들은 세계에서 가장 일을 많이 하는 사람들에 속하지만, 가장 많이 착취당하고 가장 적은 임금을 받는다." 여성 노동자들은 임금에서 착취를 당할 뿐만 아니라 노조 결성, 단체 협상 등 당연히 누려야 할 권리도 박탈당한 채로 일한다. 이들은 언어 폭력에 의한 정신적인 학대를 당하는 경우도 많다. 그뿐 아니라 법에 보장된 출산 휴가 4개월을 주는 공장은 한 곳도 없고 공장들 대부분은 무급 출산 휴가를 준다(Hossain et al., 2010).

노동의 여성화

농촌에서 이주한 젊은 여성들은 대체로 미혼 여성으로 13세에서 30세 사이가 대부분이다. 이들은 생산성이 무척 높아서 의류 공장 소유주들이 매일 정해 주는 비현실적인 생산 목표량을 달성하기 때문에 공장에서는 이 여성 노동자들에 대한 수요가 매우 많다. 의류 공장에 왜 그렇게 많은 여성이 고용되어 있는지 그 이유에 대해서는 논쟁이 있다. 어떤 학자들은 세계화가 여성을 위한 새로운 문을 연 것이라고 본다. 공식적인 노동 시장에 접근할 기회를 여성들에게 주었다는 것이다. 세계은행의 보고에 의하면 방글라데시의 경우에 노동 시장에 대한 접근 가능성이 여자 아이들의 교육 기회가 커지는 결과를 낳았다.

의류 공장에서 일하려면 기초 교육을 마쳐야 했기 때문에 소녀들은 노동 시장에 진입하기 위해 교육을 받았고, 기초 교육을 받는 어린 소녀들이 늘어나자 조기 결혼과 임신, 출산율이 줄어들었다(World Bank, 2012). 의류 산업은 방글라데시 사회에 경제적으로 자립한 성공한 여성들을 배출했다. 이들 대부분 생애 처음으로 경제적 독립을 이룸으로써 능력을 갖추게 된 것이다(Hossain, 2013). 그러나 일부 페미니스트 학자들은 여성의 임금 노동 시장 진입이 가정이나 마을의 가부장적 구조, 여성들 삶의 다른 부분들은 거의 바꾸지 못했다고 주장한다(Kabeer, 2000).

위험한 상황에서도 여성들이 일해야 하는 이유

방글라데시 여성 의류 노동자들은 단체교섭 능력이 부족해서 자기 목소리를 낼 수 없었다. 남성 의류 노동자는 임금 인상을 요구하고 다른 공장으로 옮길 기회를 가질 수 있었지만, 여성들은 취업, 임금 인상, 승진에서 차별을 겪어야만 했다. 연구에 따르면, 소수의 고위직 남성들이 여성보다 더 많은 통제력을 가지고 더 높은 임금을 받는 반면, 의류 공장의 여성 노동자들은 남성보다 훨씬 적은 임금을 받는다. 여성들은 성희롱에 대한 두려움 때문에 임금 인상을 요구하기를 꺼렸으며, 공장에서는 그 어떤 발언권도 없다(Ahmed, 2004). 작업장에서의 차별뿐만 아니라, 의류 공장에서 일하는 여성은 성적으로 문란하다는 편견도 여성 노동자들을 힘들게 했다. 그런 편견은 빈민 이주 여성들이 결혼하기 어렵게 만들었다. 그 때문에 그들은 자신감이 없고 미래를 걱정한다(Ahmed, 2004). 의류 공장에서 성희롱은 빈번했고 발설을 하면 해고 협박을 받았다. 액션에이드ActionAid 방글라데시(빈곤 퇴치를 위한 NGO: 옮긴이), 영국 NGO가 수행한 연구에 따르면, 적어도 여성 노동자의 20%는 작업장에서 성관계를 맺었다고 한다(Islam, 2013). 불행히도, 기혼 여성 노동자의 임금은 남성 가장이 통제한다. 시골에 남은 자매와 비교해 보면, 의류 공장에서 일하는 여성들이 경제적 · 사회적으로 더 취약하고 더 불안정하다고 연구는 밝히고 있다. 이에 더해, 그들 대부분이 사회적인 이유로 인해 가족에게 돌아가지 못한다(Kebeer, 2000).

인재와 여성 의류 노동자

여성 의류 노동자 1,129명의 목숨을 앗아간 방글라데시 역사상 가장 참혹한 인재人災는 2013년 4월 24일, 수도 다카 북동쪽에 있는 사바르Savar 시의 8층짜리 상업용 건물 라나 플라자Rana Plaza가 붕괴되었을 때 발생했다(Stefanicki, 2013). 이 건물에는 상업은행과 상점들, 여섯 개의 의류 공장이 있었다. 매스컴에 따르면, 대략 6,000명이 이 건물에서 일했다고 한다. 붕괴 전날, 정부 당국은 건물에서 균열을 발견하고 건물 소유주에게 사용을 중지하라고 경고했다. 라나 플라자의 상업은행과 상점들은 문을 닫았지만 의류 노동자들은 할당된 노동 시간을 채우기 위해 다시 일하러 가야 했다. 의류 노동자들은 건물 벽에서 균열을 발견되었다는 뉴스를 듣고 공포에 질려서 건물 안으로 들어가기를 거부했다. 의류 공장 소유주의 대리인은 그들에게 작업을 시작하라 종용했고 그러지 않으면 임금을 삭감하겠다고 위협했다. 4월의 마지막 주라 대부분의 노동자는 임금이 깎이면 당장 다음 달 생활비를 감당할 수 없었다. 대다수의 남성은 건물에 들어가기를 거부하고 밖에서 기다렸지만, 여성들은 협박이 두려워 거의 모두 일하러 들어갔다.

다음에 소개할 두 사례는 라나 플라자 참사에서 심각한 부상을 입은 여성 노동자들의 경험을 보여 준다. (다카 지구 니토르Nitor에서 2013년 6월 18일에서 20일 사이에 인터뷰한) 그들의 이야기를 통해, 의류 공장에 일한 뒤로 그들의 상황이 어떻게 더 악화되었는지 잘 알 수 있다.

사례 1: 절망감

2013년 4월 24일 아침, 라베야Rabeya의 남편은 그녀가 일하러 가는 것을 말렸다. 그녀도 망설였다. 라나 플라자 의류 공장에 다니는 그녀의 어머니도 그 건물의 안전성이 우려되기 때문에 딸 부부가 망설이는 것을 알았지만, 가족의 경제 사정 때문에 모녀는 일하러 갈 수밖에 없었다. 라베야의 어머니는 "우리는 집세랑 공과금을 내야 해요. 일하러 가지 않으면 봉급을 받지 못하잖아요. 그 돈 없이 어떻게 다음 달을 버팁니까?"라고 말한다.

그들이 공장을 향해 갈 때, 많은 남성이 건물 밖에서 항의하고 있었다. 그 전날, 공무원들이 그 건물 구조를 조사했고 심각한 구조 붕괴의 징후들을 발견했다. 아침 9시 조금 지나, 18세의 라베야는 처음으로 건물이 흔들릴 때, 발 밑이 '푹' 꺼지는 것을 느꼈다. 지진 같은 진동은 붕괴로 이어졌고, 그녀의 삶은 뒤바뀌었다. "눈을 떠 보니, 동료 한 명이 제 다리 위에 엎어져 있었고, 건물 기둥이 우리 몸 위로 쓰러져 있었어요. 그 동료는 즉사했고, 저는 심한 통증을 느꼈습니다. 소리를 질러보았지만 아무도 도와 주러 오지 않았어요. 저는 그 기둥 밑에서 이틀을 버텼습니다. 그 이틀 동안, 엄마의 이름을 애타게 불러보았지만 대답이 없었지요. 엄마의 시신이라도 찾을 수 있으면 마음이 편할 텐데. 구조되고 나서 엄청 울었어요"라고 라베야는 말한다.

라베야는 그날, 가족 아홉 중 일곱 명을 잃었다. 그녀는 두 다리를 잃었으며 장래를 걱정하지 않으려야 않을 수 없게 되었다. 그녀는 절망감에 휩싸였다. 쉴 새 없이 라베야는 너무나도 불확실한 미래에 대한 두려움과 두 다리를 잃은 억울함에 대해 솔직히 말했다. "내 다리를 볼 때마다 눈앞의 길을 비춰 주는 불빛이 꺼져버린 어둠 속에 있는 것 같아요."

그녀는 이렇게 말했다. "내 꼴을 보라구요, 어떻게 남은 평생 동안 남편에게 장애가 있는 아내를 돌보라 기대할 수 있겠어요? 이제 난 가족을 부양할 돈을 못 벌 거예요. 나를 도와 줄 수 있는 가까운 친척도 다 잃었다고요." 그녀는 "왜 그때 죽지 않았을까" 계속 슬퍼했다. 한 달 반이 지나서도, 라베야는 여전히 병원에 입원 중이었다. 회복 기간 내내 그녀는 우울해 했다. 자신의 상황을 허심탄회하게 말하면서, 답을 찾으려 했지만 그러질 못했다. 그러고선 "살아야죠. 지금은 그 생각만 해요"라고 말했다. 분명 그녀는 이 상황을 받아들이려 노력했고 포기하지 않았다. 라베야의 경우, 자신의 감정을 드러내는 것이 이 비극을 극복하는 데 매우 효과적이었다.

사례 2: 남겨진 사회적 낙인

라나 플라자가 붕괴된 날, 쉬린Shirin의 남편은 그녀의 오빠에게 전화해서 동생이 많이 다쳤다고 말했다. 이것은 쉬린이 부모가 반대한 이웃 마을 남자와 도망친 후, 거의 2년 만에 그 오빠가 처음 들은 여동생의 소식이었다. 그날 밤, 쉬린의 어머니와 오빠는 한달음에 다카에 있는 병원으로 달려와서 그녀가 회복되는 동안 그곳에 머물렀다.

그 다음날, 쉬린의 남편은 그녀가 완전히 회복되지 않을 수도 있다는 소식을 듣자마자 떠나 버렸다. 내출혈로 신장은 거의 망가졌으며, 몇 번의 수술을 거친 후에도 다리는 정상적인 기능을 회복하지 못했다. 성치 않은 다리로, 그녀는 더는 가족 생계를 책임질 수가 없게 되었다. "결혼한다고 가족을 버렸고, 우리 가족에게 망신을 줬지요"라고 쉬린은 말한다. 야반도주를 결심했을 때, 그녀는 대학생이었지만 곧 학업을 포기하고 라나 플라자에서 일했다.

"남편은 사고 후 나를 버렸죠. 수입이 없기 때문에 입원비를 충당하려고 기부금을 받았는데 남편이 그 절반을 갖고 도망쳤어요. 친정 마을로 돌아가면, 이웃들이 우리를 어떻게 대할까요? 내 꿈은 악몽이 되어 버렸어요." 때로는 큰 소리로 깔깔대면서, 때로는 와락 울음을 터뜨리면서, 쉬린은 자신의 처지를 이야기했다.

쉬린의 어머니와 오빠는 아직도 가족의 동의 없이 결혼했던 그녀의 결정에 분개했으며, 고향 마을에서의 사회적 낙인은 궁극적으로 그녀의 책임이자 잘못이라 여겼다.

큰 사고를 당해 트라우마가 생긴 많은 이들은 한동안 적응하고 극복하는 데 어려움을 겪는다. 그러나 시간이 흐르고 도움을 받으면 트라우마는 대개 좋아진다. 하지만 그 증세가 더욱 악화되고 몇 달 또는 몇 년 지속되는 경우도 있다. 때로는 삶 전체를 뒤흔들기도 한다. 이런 경우, 이 증세는 언제고 다시 나타날 수 있기 때문에 제대로 치료받지 않으면 피해자들은 외상 후 스트레스 장애PTSD를 겪게 된다. 참전 용사, 신체적 폭력, 성폭력, 학대, 사고, 재난, 그 밖의 커다란 사건을 겪은 이들에게 나타나기 쉽다.

라나 플라자 피해자들의 경우, 사고뿐만 아니라 상처가 치료된 후에 생존자들이 감당해야 하는 사회적 낙인도 생존자들에게 트라우마를 안겨주었다. 트라우마, 사회적 배제에 대한 두려움, 가족에게 짐이 되었다는 느낌, 경제적 불안정은 앞으로 정신 건강 문제에 커다란 위험 요인이 될 수 있으며, 피해자들을 사회적으로 더욱 취약하게 만들기 때문에 그들 삶에 숨겨진 또 다른 재난인 것이다.

결론

방글라데시에 의류 공장이 증가하면서, 기술이 없는 시골 여성들에게 경제적 기회가 생겨났다. 그렇게 벌어들인 임금으로 그들은 가족을 부양할 수 있었다. 가족 경제에 기여하고 생산적인 노동에 참여함으로써, 여성들은 자신의 삶에서 경제적인 해방을 성취했지만 여성의 역할을 가정 내 아내와 무임금 농업 노동자로 제한했던 마을 울타리와 전통 사회의 벽을 넘어서지는 못했다. 방글라데시 의류 노동자들은 다른 나라의 유사 직종 노동자에 비해 낮은 임금을 받는다. 많은 방글라데시 여성은 순진하고 유순한 성품, 전통적인 역할 때문에 의류 공장에서 착취당하고 있다. 그들은 단체교섭 능력도 없다. 그 어떤 사회적 보호, 출산 휴가도 없이, 일상적으로 성적 착취의 위협을 받으면서 일주일에 7일, 하루에 12시간씩 유해한 환경에서 일한다. 라나 플라자 붕괴와 같은 사고가 발생하면, 미래를 위해 품었던 작은 희망은 산산조각 나고 심각한 외상 후 스트레스 장애에 시달리게 된다. 불확실한 미래, 사회적 수용의 결여, 소외에 대한 두려움, 사회적 낙인과 다른 가족에게 짐이 된다는 걱정 속에서, 우리 여성들은 그런 재난의 참혹한 피해자가 되어간다.

참고 문헌

Ahmed, F. (2004), "The Rise of the Bangladesh Garment Industry: Globalization, Women Workers, and Voice," *NWSA Journal*, 16(2): 34-45.

Hossain, A. (2013), "Made in Bangladesh, Not in Bangladeshi Blood," *Forbes*, retrieved from http://www.forbes.com/sites/worldviews/ 2013/05/02/made-in-bangladesh-not-in-bangladeshi-blood/ on 7 November 2013.

Hossain, J., M. Ahmed, & A. Akter (2010), "Bangladesh Labour Law: Reform

Directions," *People Tree Foundation*, retrieved from http:// www.peopletreefoundation.org/uploads/1/5/5/1/15517332/report- of-the-baseline-study-on-bangladesh.pdf on 7 November 2013.

Institute for Global Labour and Human Rights, "Bangladeshi Garment Workers," retrieved from http://www.globallabourrights.org/campaigns?id=0003 on 29 October 2013.

Islam, T. (2013), "Women Suffer Most in Garment Sweatshops in Bangladesh," *Asian Women Worker Newsletter*, retrieved from http:// cawhk.tripod.com/9904/9904art05.htm on 8 November 2013.

Kabeer, N. (2000), *The Power to Choose*, London: Biddles Ltd.

Kakuchi, S. (2013), "Female Garment Workers Bear Brunt of Tragedy," *Inter Press Service News Agency*, retrieved from http://www.ipsnews. net/2013/05/female-garment-workers-bear-brunt-of-tragedy/ on 10 November 2013.

Stefanicki, R. (2013), "Rana Plaza Victims Continue to Suffer," *Asia Times*, retrieved from http://www.atimes. com/atimes/South_Asia/SOU-01- 311013.html on 7 November 2013.

War on Want, "Stitched Up," retrieved from http://www.waronwant. org/attachments/Stitched%20Up.pdf on 8 November 2013.

World Bank (2012), "Empowering Women in Bangladesh," retrieved from http://www.worldbank.org/en/news/feature/2012/03/08/womens- day-2012-empowering-women-in-bangladesh on 10 November 2013.

제3부

재난과 여성 임파워먼트

8 재난 대응에 필요한 여성의 잠재력: 스리랑카 사례 연구

사랑가 섭하쉬니 자야라딘

개요

재난은 성별 구별이 없지만 대개 그 영향은 성별에 따라 다르게 나타난다. 2004년 쓰나미 통계는 스리랑카의 남성 생존자가 여성 생존자보다 훨씬 많음을 보여 준다. 여성은 '연약한 성'이라는 인식으로 인해 여성이 재난에서 살아남는 데 필수적인 수영이나 등반 기술을 배울 기회가 제한된다. 환경에 대한 여성의 지식과 경험은 늘 무시되었다. 더 나아가 이는 여성이 재난 관리에 기여할 수 없게 만들며 그러한 의욕조차 꺾어버리고 만다. 여성은 재난 관리 사이클의 모든 단계에 참여해야 한다. 여성 중심적인 대중 인식 증진과 기술 훈련을 통해 여성과 아동의 재난 대응력을 배양할 수 있으며, 재난에서 살아남는 데 필요한 기술을 갖추게 할 수 있다. 국가적인 차원의 의사 결정에 여성들이 참여하는 것도 필요하다. 성별을 고려하지 않은 재난 관리 체계는 특히 여성과 소녀에게 그 피해를 가중시킬 수 있다. 이 글은 아직 개발되지 않은 여성의 잠재력과 재난 관리 간의 필수적인 관계를 지적함으로써, 여성을 그저 재난의 피해자로만 그리는 것에 이의를 제기하려 한다.

서론

2004년 12월 26일 리히터 규모 9.0의 지진이 남아시아에 발생했다. 지난 100년 간 전 세계에서 일어난 지진을 통틀어 다섯 번째로 큰 지진이었다. 이때 쓰나미가 스리랑카 해안의 80%를 강타했다. 이로 인해 100만 명 넘게 피해를 입었고, 국가적으로 130억 달러의 손실을 낳았으며, 35,399명이 사망했다(Department of Census and Statistics, 2005). 성별로 구분한 자료는 없지만, 현지 관찰에 의하면 남성 생존자가 여성 생존자보다 훨씬 많다고 한다. 이는 여성들이 수영을 못해 이런 위급 상황에 적절히 대응할 수 없었다는 사실에 기인한다. 여성은 남성보다 아이들과 가족을 돌봐야 한다는 도덕적 · 사회적 의무감을 더 많이 가진다. 가족에 대한 여성의 책임감은, 아이들과 노인들의 보호자라는 사회적 역할과 함께, 여성의 기동성을 제한한다. 예를 들자면 스리랑카 여성 대부분은 실제 수영이나 등반 기술 또는 경험이 전무한데, 사회문화 규범이 이러한 행위를 여성적이지 않다고 여기기 때문이다. 그 결과, 쓰나미가 발생했을 때 여성들은 불리할 수밖에 없었으며 파도나 붕괴된 건물에서 빠져나올 수 없었다(Kottegoda, http://www.apww-slwngof.org/index.php?option=com). 이 같은 상황은 사회 구조적 제약이 낳은 여성들의 정보 부족과 이동의 제한으로 더욱 악화되었다.

유사 이래 이렇게 큰 재앙을 처음 겪게 된 작은 섬나라 스리랑카에 재난 구호와 피해 복구는 커다란 과제이다. 부적절한 재난 관리 방식으로 인해 그 피해는 여성들에게 더욱 가혹했다. 거의 모든 대피소는 남성이 관리했으며 성직자가 운영하는 대피소의 상황은 더욱 열악했다. 남성들이 등록을 받고, 사람들을 받아들이고, 물품을 나누어 주었다. 여성 위생용품은 공개적으로 배급되었고, 여성들이 옷과 필수 위생용품을 얻으려면 남성들에게 요청해야만 했다. 여성들은 정부 배급품을 타기 위해 몇 시간씩 줄을 서야 하는 반면, 남성들은 그럴 필요가 없었다(Ariyabandu & Wickramasinghe, 2003). 이는 한편으로, 사람들이 여성을 더 불쌍하게 여길 거라 생각해서이고, 다른 한편으로 남성이 줄을 서기나 도움을 구하는 것은 수치스럽다 여기기 때문이다. 쓰나미를 겪으면서, 우리는 사회의 정형화된 성 역할로 인해 여성이 겪게 되는 불이익을 보게 되었다. 종교 · 문화적 가치, 신념 때문에 이런 불이익이 더 심해지기도 했다. 대피소에서 아이들, 특히 여자 아이들이 자는 동안 밤새 지키는 부모들의 사례가 보고되었다. 부모들은 딸아이가 성 범죄 피해자가 되는 것을 막기 위해 이렇게 불침번을 서야만 했다. 게다가 수해로 옷을 잃어버려 알몸이 된 여성들이 그런 모습으로 사람들 앞에 나서고 싶지 않은데다, 목숨을 구해 준 남성에게 성적 착취를 당하느니 차라리 물에 빠져 죽는 것이 낫다고 여겨 스스로 익사를 택하기도 했다. 실제로 여성 생존자들을 구해 준 대가로 성관계를 요구한 구조대원들의 사례가 있었다.

재난 관리와 여성

재난은 광범위한 인적 · 물리적 · 경제적 또는 환경적 손실과 피해를 비롯해 공동체나 사회의 기능에 심각한 혼란을 초래하므로 피해 지역의 자원만으로 수습하기에는 역부족이다(UNISDR, 2009). 재난 관리 사이클은 재난 이전, 재난 또는 위기 상황, 재난 이후, 이렇게 세 단계로 나눌 수 있다. 재난 이전 단계에서 여성은 엄마, 딸 또는 가족 돌보는 이, 즉 사회적으로 주어진 역할로만 국한된다. 이렇게 일상에서 축적된 여성들의 경험은 재난 대비와 조기경보 전파 계획에 도움이 되지 않는다. 따라서 여성들의 재난 대응 능력을 개발하고 여성이 맡을 수 있는 역할을 찾아내는 것이 중요하다. 수영이나 등반 기술이 없다면 생존 가능성은 줄어들 것이다.

여성이 재난의 영향을 더 크게 받다 보니 피해자로만 묘사된다. 가족과 크게는 지역 사회 살림에서 여성의 역할이 상당함에도 불구하고, 재난에 대응하는 여성의 역할은 간과될 때가 많다. 재난 또는 응급 상황이 발생하면 평소 가족에 대해 여성들이 느끼는 책임감은 더욱 커진다. 여성은 살림살이를 지키고 아이들과 노인들을 보호해야 하기 때문이다. 그러나 여성들의 중요성은 충분히 인정받지 못하고 있으며, 여성이 생활을 꾸려갈 수 있는 지원과 자원을 받지 못하는 것처럼, 그들의 역할과 능력도 마땅히 받아야 할 주목을 받지 못하고 있다.

재난 관리에서 여성의 잠재적 역할: 현장 사례 연구

현장에서 지역 사회 차원의 재난 대책은 지역의 재해 경감 활동뿐만 아니라 의식화와 기술 배양도 포함한다. 첫 번째 단계는 참여적 지역 분석 기술Participatory Rural Appraisal Techniques을 이용한 그 지역의 위험성, 취약성, 복구 능력Hazards-Vulnerabilities-Capacities을 알아보는 것이다. 이 결과를 토대로 지역 사정에 맞는 대응 체계를 만든다.

여성들이 상급 단계의 회의와 교육에 참여하고, 공동체 그룹에서 지도자가 되는 것을 지켜보는 것은 참 신나는 일이다. 그러나 이는 남성이 여성에게 집안 대표의 자리를 내주었기 때문이라기보다는 앞으로도 프로젝트의 혜택을 계속 받으려면 여성이 가정을 대표하는 것이 낫다고 판단해서이다. 프로젝트 팀으로서 우리는 앞에서 말한 남성들의 의도를 알았지만, 기술을 배양하여 지역 사회에서 여성들이 할 수 있는 역할을 찾을 수 있도록 여성들이 스스로를 대변하게 했다.

지역 주민들은 네 개의 그룹, 즉 조기경보 전달, 응급 처치, 대피소 관리, 인명 구조로 나뉘었다. 이들은 장차 지역 사회의 재난과 위기 관리의 지도자가 되기 위해 자신의 잠재력을 개발하겠다는 목적을 가지고 교육에 임했다. 각자의 선호와 응급 상황 대처 능력에 따라 분야를 정해서 교육을 받게 했는데 이 교육에는 남녀 모두 참여하게 했다.

가부장적인 스리랑카 사회에서, 시골 마을에 거주하는 대부분의 여성은 집에서 가사를 돌봐야 한다. 우리는 그들의 일상을 방해하지 않는 한도에서 재난에 대응하는 그들의 능력을 평가하고자 했다. 각 가정마다 안전 문화를 이룰 수 있도록, 우리는 조기경보 전달과 응급 처치를 여성들에게 교육시켰다. 여성들의 네트워크를 조기경보 전달에 활용할 수 있도록 이들을 조기경보 팀에 합류시켰다. 이들의 역할은 주변을 경계하고 모든 위험 요소를 마을의 관리 책임자에게 보고하는 것이다. 위험 요인과 재난 가능성이 확인되면, 기존의 연락망과 확성 장치를 통해 마을에 정보를 전달하는 것도 이들이 책임지고 하게 되어 있다. 이는 대개 남성들이 주도하는 지역 사회의 정보 유통에 도전하는 한편, 여성들에게 비상시에 지도자가 될 수 있다는 상당한 자신감을 주었다.

또한, 여성들은 응급 상황에서 피해 입은 이들을 제일 먼저 돌보는 이들이기도 하다. 그러므로 여성들에게 응급 처치 기술을 갖추게 하는 것은 매우 중요하다. 이는 응급 상황에서 남성들에게도 매우 큰 도움이 된다. 이러한 필요성 때문에, 우리는 재난관리위원회에서 할당한 역할이 따로 있어도, 모든 여성에게 응급 처치법을 교육시켰다.

우리가 프로그램을 진행할 때, 남성들은 마을을 떠나 생계 활동을 하느라 바쁜 반면, 대부분의 여성은 집에 있었다. 남편이 집 떠나 다른 곳에서 일하는 여성들은 지역 사회 활동에 더 많이 참여하는 경향이 있었다. 그에 반해, 저녁에 남편이 집에 있는 여성들은 다소 제약을 받았고,

응급 구호 활동 교육

집안일을 버거워했으며, 자유롭지 못했다.

쓰나미 경험을 토대로, 현장에서 우리는 여성들을 대피소 관리 팀에 참여시켜 관리자, 비상식량과 의료품 배급자 역할을 하게 했다. 여성들은 남성들보다 각 가정에 무엇이 필요한지 더 잘 파악했고, 대피소 관리자로서 피해 여성의 프라이버시를 지키고 그들의 요구를 잘 들어줄 수 있었다.

재해 경감 활동은 그 지역의 위험 요소들을 파악하고 그에 대응하고자 하는 우리 프로젝트의 또 다른 업무이다. 그와 같은 개입의 하나로, 마을 저수지 옆에 안전한 목욕 장소를 만든 것을 들 수 있다. 이 저수지는 그 지역에서 가장 컸지만, 폭우가 내리면 넘치기도 해서 이용자들에게 위험했다. 이 마을에서 젊은 임신부가 주민들을 조직하는 지도자로서 마을 저수지에 목욕 장소를 짓는 데 주축이 되는 것을 보는 일은 정말 고무적이었다. 그녀는 임신 중임에도 불구하고, 지역 사회를 위해 우리를 도와 함께 활동하는 한편, 지역 주민들을 우리 프로젝트에 참여시키는 데 주도적인 역할을 했다. 이 걸출한 여성은 계속 활동을 하여 마침내 지역위원회의 상임위원이 되었다. 그녀는 지금도 프로그램을 조직하고 갓난아이를 데리고 다니면서 이에 참여할 정도로 열심이다. 그녀는 우리 프로그램을 통해 배운 바를 실천하고, 마을에서 재난을 대비하는 주도적인 역할을 하는 데 남편의 지지와 격려가 큰 도움이 되었다고 말한다. 그러므로 여성들이 잠재력을 개발하기 위해서는 자유롭게 사회 활동을 할 수 있는 것이 매우 중요하다.

수영도 능숙하게 하고 인명 구조도 할 수 있는, 렁기lungi: 허리에 둘러 입는 전통 사롱sarong를 두르고 다니는 한 중년 여성이 있다. 그녀는 자기 마을에서 구조팀을 이끌었으며 지역 사회 젊은 여성들의 진정한 본보기가 되었다. 이 사례는, 처음부터 여성들에게 기회가 주어지면, 응급 상황에서 더 많은 역할을 할 수 있다는 걸 보여 준다. 또한 수영, 나무 타기, 불 끄기 등 신체적 기량이 요구되는 활동은 어려서부터 배우는 것이 중요하다는 것도 깨닫게 해 주었다. 이런 기술들은 주로 사내아이나 남성들이 배우지만 재난 시에는 남녀 모두에게 필요하다. 이 두 사례는 남녀의 체력 차이가 크다는 틀에 박힌 인식에 이의를 제기한다.

시골 여성들은 바지나 티셔츠는 꺼리지만 집에서는 헐렁한 옷이나 사리sari, 살와르salwar: 발목 부분이 조여지는 헐렁한 바지, 렁기 같은 사롱을 주로 입는다. 옷 때문에 여성의 이동성과 능력이 제한된다고들 하지만 여성들이 어린 시절부터 특정한 형태의 옷에 익숙하다면 그들을 위한답시고 낯선 옷을 입게 하기보다는 이들의 선호와 습관을 이해하고 이를 개발하는 것이 활동가인 우리에게 필요하다는 것을 현장 경험을 통해 깨달았다.

무엇보다 중요한 것은 여성들이 평생 자신의 환경에서 갖게 되는 경험이다. 이 경험은 가족과 사회 환경에 따라 제한될 수 있으며, 가족이나 사회 환경은 문화와 종교의 영향을 받는다. 여성의 경험과 일상 생활은 위험을 예측해 그 피해를 최소화하는 데 효과적으로 이용될 수 있다. 나는 새들의 움직임과 둥지를 만드는 것을 관찰함으로써 바람의 패턴을 매우 정확하게 예측할 수 있는 여성을 만난 적이 있다. 그녀는 오랫동안 이를 관찰해 왔고, 특히 논에서 일하는 남편에게 음식을 가져다 줄 때마다 새들과 바람을 유심히 보았다. 이는 잠재적인 위험과 재난을 알려 주는 매우 정확한 조기경보였다. 그러나 이 사회에서 그러한 여성들의 전통 지식과 지혜는 대개 무시된다.

낙석과 산사태는 내가 일하던 지역에서 빈번히 발생했다. 이에 대한 토론은 주로 남자들보다 여자들이 낮에 집에 있을 때 그리고 주변 환경을 관찰할 수 있을 때 벌어졌다. 위험 속에 살면서, 여성들은 정기적으로 산사태의 징후를 살펴보고 관찰했으며, 저녁에 남편이 집으로 돌아오면 그들에게 보고했다. 그래서 어떤 남성들은 이 경보에 따라 행동하고 예방책을 취할 수 있었다. 그러나 여성의 목소리를 무시한 대부분의 남성은 이 중요한 조기경보를 놓치고 말았다. 이 이야기들은 여성이 위험을 감지하는 자신의 지식 · 기술 · 지혜를 어떻게 사용하며, 자연재해에 맞서 가족과 지역 사회를 어떻게 돕는지 보여 주는 현장 사례의 일부일 뿐이다. 요즘 여성들은 집안일을 하면서 라디오를 듣거나 TV를 본다. 그들은 집에 있을 때면 적극적으로 미디어에 참여하며 미디어와 소통한다. 발달한 통신 시설은 여성이 집에 있을 때도 사회와 그리고 더 크게는 세계와 상호작용할 수 있는 통로를 제공한다. 그러므로 지역 사회에서 여성들의 지식과 경험은 미디어를 통해 공유되고 개선되어야 한다.

다민족 사회이고 여러 언어를 사용하는 스리랑카에서 재난 계획을 시

벤다이어그램을 이용해서 공동체의 다양한 이해관계자와의 관계를 확인해 보고 있는 여성들.

행하기란 매우 어렵다. 신할라Sinhala족(대부분이 불교신자인 스리랑카의 대표 민족: 옮긴이)과 타밀Tamil족(힌두교도인 스리랑카 소수 민족: 옮긴이)이 사는 지역에 비해, 무슬림이 대다수인 지역은 재난 관리 계획에서 여성 대표가 매우 적다. 우리는 재난 대비 훈련에서도 같은 사실을 목격했다. 재난 시뮬레이션에서 신할라 소년이 무슬림 소녀를 안전한 장소로 대피시킬 때 적극적으로 참여하는 무슬림 여성은 거의 없었다. 이는 나중에 그 마을의 논쟁거리가 되었으며, 이 문제를 해결하기 위해 우리는 이슬람 교도들과 중재에 나섰고 협상해야 했다. 성별 고정 관념은 뿌리가 깊은 나머지, 어떤 사회에서는 여성의 참여를 가로막고 사회에서 불리한 위치에 놓이게 만드는 법과 규제로 구현되기도 한다.

이 지역에서 일하면서 얻은 경험을 통해 여성의 역량 강화는 아동기부터 시작해야 하는 일생의 과정이라는 것을 깨달았다. 어려서부터 소녀들이 수영과 지도력 같은 생활 기술을 갖춘다면, 재난 관리 면에서 여성들의 공동체 지도력에 괄목할 만한 진전을 보게 될 것이다. 여성은 연약하지 않으며 사회에 이바지할 수 있는 능력을 지녔다는 사실을 남성이 받아들이는 것이 필요하며, 그렇게 된다면 남성들의 삶도 더 편해질 것이다.

남녀 격차

스리랑카의 재난 관리 체계에 여성이 적은 것은 재난 관리 체계의 커다란 남녀 격차로 볼 수 있다. 대부분의 사무직과 하급 관리직을 여성들이 차지하고 있다 해도, 정책 입안이나 소방, 다른 중요 분야에서 여성이 드문 데서도 이 격차는 잘 드러난다. 흔히 여성은 남성보다 문맹률이 높고 지적 능력도 떨어진다고 한다. 사회는 여성보다는 남성을 신뢰하는 경향이 있다. 그래서 남성 지배적인 구조에서 공적인 정보 유통은 남성이 제시한 지시만 따를 것을 여성들에게 요구한다. 응급 상황에서 여성들이 적극적인 멤버가 되지 못하고 그저 피해자로 남는 것도 정보 유통에서의 이런 차이 때문이다. 주변 환경에 대한 여성의 재능과 지식을 중요시하지 않고 인정하지 않으면, 여성들에게 더 넓은 사회를 탐구할 기회가 주어지지 않으면, 여성들은 재난 관리 팀의 중요 멤버가 될 수 없다.

쓰나미가 스리랑카를 덮친 후, 대재해가 안겨준 손실은 너무나도 컸다. 재난의 여파 속에서, 스리랑카의 정부와 NGO들은 수많은 구호와 피해 복구 사업을 펼쳤다. 스리랑카에 재난 관리 체계가 있긴 하지만 3, 4년에 걸친 후속 조치의 빈도와 그 내용에서 문제점이 드러나고 있다. 현재 재난 관리는 재난관리센터Disaster Management Center의 일상 업무가 되었지만 스리랑카에서 지역 사회 역량 강화 프로그램은 거의 찾아볼 수 없다. 쓰나미 이후 후속 조치로 현재 하고 있는 개입은 쓰나미로 인한 대대적인 피해와 인명 손실을 기리기 위해 국가 안전의 날로 지정한 12월 26일과 같은 특정한 날이나 특정 지역에 국한된다. 이렇게 제한된 활동에서도 여성의 참여, 여성의 요구 충족은 충분히 이루어지지 않는다.

결론과 제안

여성은 늘 재난의 피해자로만 비쳤다. 그러나 그 파괴적 재난이 여성에게 사회 변혁의 주체가 될 수 있는 기회를 주기도 한다. 재난 관리 사이클에서 자연재해 대응에 여성의 잠재력을 활용해야 한다. 재난 대비와 예방 문화를 구축하는 데 여성의 잠재적인 역할이 제대로 인정되지 않고 있으며, 재난 위험 경감에 기여할 수 있는 여성의 잠재력도 거의 활용되지 못하고 있다. 재난에 대응하는 여성의 유용성을 인정하고 그들의 소리를 듣고, 현 국가 재난 관리 전략에 참여시키는 것이 시급하다.

지역 사회에 기반한 재난 위험 경감, 대응, 재해 경감 활동에 여성을 온전하고도 평등한 파트너로 참여시키고, 국가에서 지역 공동체에 이르기까지, 재난 관리의 계획과 의사 결정의 모든 단계에 통합하는 것은 시대적 요구이다. 재난 대책 마련이나 위험 경감 조치에서 여성과 소녀들을 제외한다면, 스리랑카 인구의 50%가 넘는 이들의 특별한 재능 · 기술 · 지식을 사장하는 것이며, 가장 큰 피해를 입은 이들의 요구도 충족시킬 수 없을 것이다.

성별을 고려하지 않은 재난 관리 체계는 특히 여성과 소녀들에게 재난의 영향을 악화시킬 뿐이다. 그러므로 여성의 안전을 확보하고 기본적 요구를 충족시킴과 동시에, 재난 상황에 대처하고 그 피해를 줄이는 데 여성의 잠재적 역할을 개발하려면 젠더 중심의 시각에서 재난 관리 사이클을 보아야 한다. 여성에 대한 해묵은 편견과 젠더 고정 관념은 여성들의 요구를 잘 반영하고, 대비와 복구 사업에 여성을 동등한 파트너로 참여시키는 프로그램들에 의해 바뀔 수 있다. 따라서 재난은 성별 격차를 바로잡고, 자기 지역에서, 더 크게는 사회에서 지도자가 되도록 여성의 잠재력을 개발하는 기회가 될 수도 있다.

환경에 대한 여성의 지식을 신뢰하고 그들의 생활 패턴을 존중하는 동시에, 소외와 부정적 영향을 최소화하기 위해 어릴 때부터 재난 관리와 여성의 역량 강화가 시작되어야 한다. 여성과 소녀들이 그저 재난에 취약한 피해자가 아니라, 없어서는 안 될 주도적인 멤버가 되도록 위험 요소를 줄이고 대응책을 강구하는 기술을 배우고 제대로 교육받게 해야 한다.

참고 문헌

Ariyabandu, M. M. & M. Wickramasinghe (2003), *Wyasana Kalamanakaranayata Stri Purusha Samajabawaye muhunuwara- Dakunu Asiyanu Kalapaya sandaha maga penweemak* (*Gender in Disaster Management: A guidance Note for the South Asian Region*), Colombo: ITDG South Asia.

Department of Census and Statistics Sri Lanka (2005), retrieved from http://www.statistics.gov.lk/Tsunami/ on 6 December 2013.

Kottegoda, S., "Mainstreaming Gender in Disaster Management Policy: Key Issues and Challenges in the Asia-Pacific Region," Keynote address, Japan, Asia Pacific Women's Watch, retrieved from http://www.apww-slwngof.org/index.php?option=com_content&view=article&id=88:mainstreaming-gender-in-disaster-management on 2 December 2013.

United Nations International Strategy for Disaster Risk Reduction (UNISDR) (2009), "Terminology on Disaster Risk Reduction," retrieved from http://www.unisdr.org/we/inform/publications/7817 on 2 December 2013.

9 폭력의 폭풍, 투쟁의 물결: 태풍 하이옌과 필리핀 여성

크리스틴 아키노 발레리오

개요

2013년 11월 8일, 필리핀에서는 욜란다라고 부르는 태풍 하이옌이 필리핀을 강타해 전 인구의 10% 이상이 피해를 입었다. 재난이 발생하면, 학자 · 활동가 · 구호 활동가 · 사회 참여 지식인들은 환경의 파괴와 부富의 불평등한 분배를 자주 거론하는데, 여성과 소녀들의 문제도 중요하게 다루어져야 한다. 따라서 이 글은 여성과 소녀 생존자들의 삶에 태풍 하이옌이 끼친 영향을 다루고자 한다. 여성과 소녀들의 성과 재생산 건강과 권리Sexual and Reproductive Health and Rights에 미친 재난의 영향과, 재난 시 한층 더 심해지는 여성과 소녀들의 소외가 성과 젠더에 기반한 폭력에 얼마나 취약하게 만드는지 살펴볼 것이다. 이에 대한 분석과 함께, 여성과 소녀들의 성폭력과 재생산 건강과 권리에 대한 요구를 모두 이루기 위해, 그리고 성폭력과 젠더에 기반한 폭력을 근절하기 위해, 여성들의 단결을 촉구하고자 한다.

서론

해마다 우리를 공포에 떨게 하는 새로운 자연재해 이야기들이 쏟아진다. 필리핀은 연평균 20회의 태풍을 겪는 군도群島 국가로, 각각의 재난은 고통의 흔적을 남겨놓지만 그와 동시에 희망, 단결, 투쟁의 교훈을 주기도 한다. "세상이 저마다의 새로운 비극에서 교훈을 얻는다면, 젠더 관계는 재난을 겪는 인간 경험의 일부이며, 위기가 닥치면 어떤 조건에서는 여성과 소녀들의 기본적인 인권을 부정하게 되기도 한다는 것을 인정해야 한다"(Enarson et al., 2006: 130).

2013년 11월 8일 초대형 태풍 하이옌이 상륙해 필리핀을 초토화했을 때, 사람들은 기후 변화, 정부의 무책임, 재난 기금과 성금 사용의 부정부패 등 여러 문제를 제기했다. 그러나 정작 여성과 소녀들이 겪는 어려움은 재생산 건강과 안전 문제이다. 이들은 자연재해의 여파 속에서도 폭력, 착취, 학대와 같은 위험에 노출되어 있다.

"재난의 취약성을 분석한 이론가들의 논쟁 기저에서 젠더는, 재난의 맥락에서, 즉 자연재해 전, 재난 시, 재난 후의 수많은 단계에서 전혀 중요하게 고려되지 않는다"(Bankoff et al., 2004; Militzer, 2008: 8). 우리는 젠더 불평등에 대해 더 많이 연구해야 한다. 에나르슨D. A. Enarson 등이 이미 지적했듯이, 여성과 소녀들을 우선으로 놓아야 한다. "여기서 우리가 젠더 불평등에 대해 연구를 더 해야 한다고 말하는 것은, 여성과 소녀들을 우선으로 한다는 뜻이다. 이는 젠더 규범이 남성에게는 그처럼 문제가 되지 않아서가 아니라 소녀와 여성들이 성폭력, 가정폭력, 이동에 대한 문화적 제약, 가난, 언어와 문맹의 장벽 등으로 재난이 닥치면 더 위험해진다는 증거가 이미 존재하기 때문이다"(Enarson et al., 2006: 141).

재난이 발생하면, 여성과 소녀들은 다른 문제들을 겪는다. 나는 이 글에서, 특히 성과 재생산 건강과 권리, 그리고 성폭력 문제에 초점을 맞추고자 한다. "응급 상황에서 재생산 건강을 방치하면, 미연에 방지할 수 있었을 산모와 영아 사망, 성폭력과 그에 따른 원치 않는 임신, 그리고 위험한 낙태, HIV와 성병의 확산과 같은 심각한 결과를 초래한다(Women's Refugee Commission, 2006: 6). 그러므로 정부, NGO 활동가, 운동가, 학자들은 모두 여성과 소녀 관련 쟁점들을 우선시해야 한다.

하이옌의 여파 속에서, 내가 속한 조직인 필리핀가족계획기구Family Planning Organization of the Philippines는 재생산 건강을 위한 1차 미니 서비스 패키지Minimum Initial Service Package를 통해 신속하게 여성과 아이들의 생명을 구했다. "재생산 건강을 위한 1차 미니 서비스 패키지는 성폭력을 방지하고 그 결과를 수습하기 위한 응급 활동을 통합한 것이다. 이는 신생아와 산모의 질병률과 사망률을 낮추고, HIV 확산을 막고, 신속하게 포괄적인 재생산 건강 서비스를 받을 수 있게 하기 위함이다(Women's Refugee Commission, 2006: 8). 태풍 하이옌이 강타한 후, 필리핀가족계획기구는 가장 큰 피해를 입은 6개 지역, 레이테Leyte 섬의 타클로반Tacloban, 사마르 섬 동부Eastern Samar, 사마르 섬 서부Western Samar, 일로-일로Ilo-Ilo, 안티크Antique, 카피즈Capiz에 최소한 의사, 간호사, 조산사, 청소년 담당자, 지역 담당자 각각 한 명씩과 자원봉사자들로 구성된 의료팀을 파견했다.

재난 시 여성과 소녀들의 성과 재생산 건강

태풍 하이옌 생존자들의 삶을 복구하고 재건하려면, 무엇보다도 여성과 소녀들에게 성과 재생산 건강과 권리 서비스를 제공해야 한다. 개발 도상국에서 여성들의 취약성이 높은 이유는 그들이 남성들보다 질병에 더 잘 걸린다는 사실에 기인한다. 에나르슨과 모로(Enarson & Morrow, 1998; Swatzyna & Pillai, 2013: 107에서 인용)는 "개발도상국에서 여성들의 취약성이 높은 이유는 질병이 발생하면, 여성들은 남성보다 건강에 해로운 환경에 더 많이 노출되기 때문"이라고 말한다.

태풍 하이옌으로 병원과 보건 시설들이 파괴되었다. 그로 인해 생활 환경이 열악해지고 숙련된 의료인과 의료 시설이 부족해지면 임신과 출산 중 이주한 여성들은 임신 관련 합병증으로 인한 질병률과 사망률이 높아지고 여성의 취약성은 더욱 악화되는 경향이 있다(Women's Refugee Commission, 2006: 46). 마찬가지로 수유 중인 여성들도 음식과 물의 부족, 스트레스가 많은 여건 때문에 수유에 어려움을 겪는다.

이주한 이들 가운데 약 4%는 임신 가능성이 있다. 임신한 여성의 약 15%는 폐색성 분만 또는 지연분만, 전자간증/자간, 패혈증, 자궁 외 임신, 분만 합병증과 같은 산과 합병증을 겪는다(United Nations Children's Fund et al., 1997). 태풍 하이옌으로 인해 270,338명의 임산부와 0~6개월 월령의 아이를 가진 180,225명의 수유모가 피해를 입었다. 매일 약 900명의 여성 대부분이 숙련된 출산 도우미 없이 임시변통으로 만든 병원에서 분만했다고 한다. 그들 중 11%, 즉 약 130명의 산모는 치명적인 합병증을 일으킬 가능성이 높다(UNFPA, 2013).

하이옌에서 살아남았다 해도, 임신 관련 합병증과 수유의 어려움을 견디는 것은 이들에게 또 다른 시련이었다. 여러 NGO, 단체, 기관들이 피해 입은 이들의 성과 재생산 건강과 권리를 보호하기 위해 활동했다. 보건부 산하 재생산 건강 실무단Reproductive Health Working Group[1]은 여러 분야를 담당하고 있다. 필리핀가족계획기구를 비롯한 많은 단체가 재생산 건강 실무단에 속해 있다. 이를 통해 단체들은 역할과 책임을 분담했다.

2014년 2월 4일부터, 필리핀가족계획기구는 6개 지역 16개 도시에 의

1 재생산 건강 실무단은 필리핀 보건 클러스터(관련 조직과 기관들을 한 곳에 모아놓는 것: 옮긴이)의 서브 클러스터Sub-Cluster이다. UN은 재난 시 제공되는 외국 원조를 정부가 잘 활용할 수 있도록 클러스터 시스템을 개발했다. 필리핀에서 보건부가 보건 클러스터의 지도부이며 세계보건기구WHO는 공동 지도부이다.

료팀을 파견할 수 있게 되었다. 이로써 341개 마을에서 의료 활동을 할 수 있게 되었으며, 2,686명의 임산부와 3,025명의 수유모를 돌볼 수 있게 되었다. 의료 활동의 일환으로, 필리핀가족계획기구는 건강 정보 모임을 주최해 젠더에 기반한 폭력, 가족계획, 성병 감염, 위험한 임신 증상에 대해 논의했다. 건강 정보 모임이 끝나면, 참석자들은 상담을 하고 약과 존엄 유지 키트Dignity Kit[2]를 받았다.

여성과 소녀들의 성과 재생산 건강과 권리는 기본 인권이다. 생존자들에게로 확대된 필리핀 가족계획 서비스는 모든 여성, 남성, 젊은이들이 성과 재생산 건강 정보와 서비스를 받을 수 있는, 섹슈얼리티를 인간 삶의 자연스럽고도 소중한 부분이자 기본 인권으로 여기는 세상에 대한 비전을 실천하는 것이다.

태풍 하이옌의 여파와 성폭력, 젠더에 기반한 폭력

거듭 말하지만, 2013년 11월 8일 필리핀을 강타한 역사적인 참사는 또 다른 재난을 낳았다. 총 16,078,181명이 피해를 입었으며 6,201명이 사망했고, 1,785명이 실종되었다(National Disaster Risk Reduction and Management Council, 2014). 태풍 하이옌의 후유증 속에서, 필리핀인들은 폭력의 또 다른 폭풍, 특히 여성과 소녀들을 대상으로 한 성폭력에 직면해야 했다.

---

2 존엄 유지 키트에는 말롱Malong: 담요 1장, 목욕 비누 1개, 세탁 비누 2개, 팬티 9장, 손톱깎이 1개, 세수 수건 1장, 목욕 수건 1장, 슬리퍼 1켤레, 칫솔 1개, 치약 1개, 뚜껑 달린 양동이 1개, 뚜껑 달린 요강 1개, 생리대 2통, 산모용 생리대 3통, 샴푸 12팩, 알코올 1통, 화장실용 티슈 2개, 기저귀 2개, 빗 1개, 건전지가 든 손전등 1개, (성폭력이 발생할 때 사람들의 주의를 끌기 위한) 호루라기 1개가 들어 있다.

비상시에는 사회 행동을 규제하는 규범이 약화되고 전통적인 사회 시스템이 붕괴되기도 한다. "가족과 공동체 지원 시스템에서 분리된 여성과 어린이들은 성별과 나이 때문에 그리고 도움을 구하거나 안전 통행을 하려면 타인에게 의존할 수밖에 없으므로 학대와 착취에 더욱 취약하게 된다"고 보고되었다(Inter-Agency Standing Committee, 2005: 4). 더 나아가, "저소득 국가에 재난이 발생하면, 소녀와 여성들의 정서적 학대와 물리적 폭력의 위험성은 증가한다"고 구호 단체와 다른 관계자들은 말한다"(Enarson et al., 2006: 134-135).

최근에 세계가 겪은 참사들의 여파를 살펴보면, 성폭력과 젠더에 기반한 폭력이 눈에 띄게 증가한 것을 알 수 있다. 예를 들어, "아이티에서 지진이 일어난 후, 젠더에 기반한 폭력은 급증했으며, 포르토프랭스Port-au-Prince의 대피소 15곳에서 230건의 여성과 소녀들에 대한 강간 사례가 발생했고, 국경 없는 의사회Doctors without Borders는 4월 한 달 동안 한 진료소에서 68명의 강간 피해자들을 치료했다"(Bookey, 2010: 7-8). "2004년 인도양 쓰나미가 강타한 후, 여성에 대한 폭력과 소녀들에 대한 성적 착취를 다룬 보도는 수없이 많았다"(Enarson et al., 2006: 135). 이뿐만 아니라 "미시시피에서 하루 평균 10만 명당 4.6명이던 (성희롱과 가정 폭력을 포함한) 젠더에 기반한 폭력의 비율은 허리케인 카트리나가 강타하여 수많은 여성이 집을 떠나 임시 대피소나 이동 주택에 머물러 있는 동안에는 하루 평균 10만 명당 16.3명으로 증가했다"(Anastario et al., 2009; Henrici et al., 2010).

여성과 소녀들에게 성폭력, 인신 매매가 일상인 나라 필리핀에서 태풍 하이옌 이후, 성폭력과 젠더에 기반한 폭력 사례의 증가 가능성은 대단히 높다. 통계 보고서에 따르면, 15세에서 49세 사이의 여성 5명 중 1명은 일생에 적어도 한 번은 신체적 폭력을 경험한다고 하며, 보고된 사례의 9%는 성폭력이라고 한다(National Statistics Office and ICF Macro, 2009).

수많은 태풍 생존자가 살던 곳을 떠나 대피소나 친구 또는 친척 집에서 시냈다. 어떤 이들은 메트로 마닐라(마닐라 시와 그 주변 19개 시를 합한 필리핀의 수도: 옮긴이)로 가서 빌라머Villamor 공군기지에 머물거나 메트로 마닐라 외곽의 친구나 친척 집으로 갔다. 총 4,095,280명의 이재민이 대피소 안팎에 머물렀다(National Disaster Risk Reduction and Management Council, 2014). 세계 보호 클러스터Global Protection Cluster, 젠더에 기반한 폭력 예방과 대책에 따르면, 응급 상황에서 이주는 젠더에 기반한 폭력의 위험을 높이기 때문에 가장 큰 피해를 입은 지역인 비사야스Visayas 서부, 비사야스 중부, 비사야스 동부의 이주 문제에 특별한 관심을 두었다. 이 세 지역의 신체적 폭력 · 성폭력 비율은 필리핀 평균보다 훨씬 높다. 인신매매, 특히 성매매의 심각성은 재난 이전부터 제기되었으며 보호 방안이 여전히 문제로 남아 있다. 태풍의 피해가 막대한 사마르와 레이테 지역도 이전부터 인신 매매의 중심지로 알려졌다(National Disaster Risk Reduction and Management Council, 2014).

태풍 하이옌 이후 석 달이 지났는데도, 아직까지 성폭력과 젠더에 기반한 폭력 사례들에 대한 데이터를 쓰지 못하고 있다. 하지만 성폭력과 젠더에 기반한 폭력 사례들에 대한 반응은 속출하고 있다. 베인과 기몬드(Bain & Guimond, 2014)에 따르면, "폭력 발생률에 대한 데이터가 없다고 해서 인도주의적 활동이 방해받아서는 안 된다. 연구에 의하면, 3명의 여성 중 1명은 살면서 한 번은 강간을 당하거나 학대를 당할 것이라고들 한다. 그러므로 젠더에 기반한 폭력 생존자들에게 구조 서비스를 제공하도록 국제 사회가 나서야 한다."

여성과 소녀들을 폭력의 위험으로 내모는 다양한 상황들이 존재한다.

여성난민위원회에 따르면, 여성과 소녀들은 식량, 취사용 땔감, 물을 구하러 먼 배급소를 갔다 와야 한다(Women's Refugee Commission, 2006). 그들은 변소와 세면장에서 멀리 떨어진 곳에 사는 경우가 허다하다. 잠자리는 안전하지 않으며 조명도 변변찮다. 변소와 세면장은 남녀 구분이 없거나 안전하지 않은 곳에 있다. 스트레스를 유발하는 이주 환경 속에서, 여성과 소녀들이 친밀한 파트너에게 폭력을 당할 공산은 커지기 마련이다. 이런 상황은 그들을 학대와 성희롱에 취약하게 만든다. 태풍 하이옌 피해자들의 대피소 생활은 결코 안전하지 않다. 그러므로 성폭력과 젠더에 기반한 폭력을 예방하고 그 결과를 수습할 수 있는 인도주의적 개입이 절실하다.

대피소에 구호 활동가와 보호자가 있다고 해서 성폭력이 일어나지 않는 것은 아니다. 재난이 발생하는 와중에도 경찰, 군인, 구호 활동가, 공무원 등 피해자를 보호하고 보살펴야 할 사람이 도리어 성폭력을 자행하는 일들이 있었다. 어떤 이들은 음식과 다른 서비스를 제공하는 대가로 여성과 소녀들에게 성관계를 요구하기도 했다. 하이옌 이후로 자국과 해외의 보안 병력이 밀려들었고, 여성 NGO들은 이를 경계했다. 그래서 지역 공동체 조직, NGO들, 공무원과 개개인들은 성폭력과 젠더에 기반한 폭력 예방과 대책을 위한 노력을 더욱 강화해야 했다.

하이옌 이전 최근 태풍들의 경우를 살펴보면, 성폭력과 젠더에 기반한 폭력은 재난 시 증가했다. "2012년 태풍 파블로가 강타한 후, 접수와 진단센터Reception and Diagnostic Center 자료는 경고의 내용을 담고 있다. 재난이 일어난 후, 인신 매매를 포함해 젠더에 기반한 폭력 사례의 보고가 늘어났으며, 성매매에 연루된 남녀 청소년들도 늘어났다"(Global Protection Cluster, GBV Prevention and Response, 2013).

젠더에 기반한 폭력의 타클로반 담당자로서, 전국 젠더 기반 폭력 서브 클러스터[3]에 속한 필리핀가족계획기구의 대표로서, UN 인구기금 United Nations Population Fund과 사회복지 개발부의 공동의장으로서, 나는 큰 피해를 입은 공동체의 젠더 기반 폭력 문제를 다루어야 할 필요성을 절감했다. 필리핀가족계획기구는 다른 정부기관, NGO들과 함께 일해 왔으며, 성폭력과 젠더에 기반한 폭력의 생존자들을 위한 위탁 시설을 찾아 모으고 있다. 즉 의료, 심리사회적 · 법률적인 서비스와 보호 서비스를 제공할 위탁 시설을 발굴하는 것이다. 강간 생존자들을 의료 시설로 위탁하면, 그들에게 필요한 의료 서비스를 제공받고 지원받을 수 있다. 강간 생존자들을 배려한 비밀 의료 처치는 긴급 피임, 성병 치료, HIV 감염을 방지하기 위한 노출 후 예방 조치post-exposure prophylaxis, 상처 치료, 파상풍과 B형 간염 예방을 포함한다.

그 어느 태풍보다 하이옌이 강력했으므로, 재건하고 복구하는 데 시간이 걸릴 것이다. 여성과 소녀들의 국내 이주가 장기화될수록, 성폭력의 가능성도 커진다. 태풍 하이옌 이후 필리핀가족계획기구의 인도주의적 개입은 여성과 소녀들의 복리 증진 옹호라는 큰 그림의 일부이다. 재난 시 성폭력과 젠더에 기반한 폭력은 필리핀의 성 불평등에서 비롯된 것이기 때문에, 필리핀가족계획기구는 여성과 소녀들의 기본 인권을 옹호한다는 좀 더 넓은 시각을 가지고 활동한다. "여성에 대한 폭력은 불평등한 남녀 권력 관계의 발현으로, 여성에 대한 지배와 차별로 이어지며 여성의 수많은 발전을 가로막는다"(Declaration on the Elimination of Violence against Women, 1993; Militzer, 2008: 38).

---

3 젠더에 기반한 폭력 서브 클러스터는 2007년 5월 10일자 (필리핀 재난 시스템에서 클러스터 접근법을 제도화하는) 국가재난조정위원회National Disaster Coordinating Council 회지 No.5 시리즈가 창설한 필리핀 보호 클러스터의 한 분과이다.

변화의 주체로 서는 여성

태풍 하이옌이 지나간 후, 미디어는 여성들을 약하고 무력하고 의존적인 존재로 묘사하는 경향이 있었다. 비록 여성들이 취약하기는 하지만 태풍 하이옌이 휩쓸고 간 지역 여성들은 자신의 역량을 강화하고 더 나은 미래를 위해 고군분투하는 모습을 보여 주었다. "그러므로 여성들을 변화의 희생자가 아니라 변화의 주체로 보는 것이 중요하다"(Dasgupta et al., 2010: 5).

무력감의 그림 뒤편에서, 여성 생존자들은 현장에서 희망, 용기, 창조, 역량 강화의 이야기를 나눈다. 우리가 인터뷰한 여성들, 특히 임산부와 수유모들은 그들이 용기를 잃지 않고 얼마나 빠르게 극복했는지 말해 주었다. 그중 한 예를 들자면, 제인 에비오는 자식이 10명인데 태풍이 불 때 딸 3명은 임신 중이었다.[4] 그중 한 명이 태풍이 불어닥친 그날 밤 진통을 시작했다. 11월 9일 새벽 1시에 그녀는 의료 시설의 도움 없이 손녀 욜리 앤을 받았다. 아기의 탯줄을 자르기 위해 새벽 5시에서 11시까지, 제인은 시체가 널부러져 있는 타클로반의 재해 지역을 헤맸다. 손녀를 위해 그녀 스스로 의료 시설을 찾아냈고, 태풍 때문에 헤어졌던 가족들에게 산모와 아기 모두 무사하다고 알렸다. 이 이야기를 비롯한 수많은 사례가 여성들에게 그리고 모두에게, 아이들을 위해 포기하지 말고 계속해서 맞서라고 용기를 북돋는다.

여성들이 살아남기 위해 애쓰고 자식들을 살리려 악전고투하는 이야기들은 여성들이 더 나은 미래를 위해 노력할 수 있다는 일종의 낙관적 전망을 가져다 준다. 여성은 특유의 회복력과 희망으로, 여러 수단을 통

---

4 제인 에비오Jane Ebio는 자신의 이름과 이야기를 이 글에 쓰는 것에 동의했다.

해 자신의 삶을 재건하고 있다. 어떤 여성은 가족을 먹여 살리기 위해 대피소에다 작은 가게를 차리기도 했다. 돈을 벌기 위해 재해 지역 청소 프로그램에 참여해 일하는 여성도 있고, 다른 생존자들에 대한 지원을 확대할 필요를 느끼고는 서비스 프로그램에서 일하는 여성도 있다. 대부분이 가난하고 소외되고 사회적으로 배제된, 서비스가 충분하지 못한 여건 속에 살고 있기 때문에, 그들은 꿈을 위해 노력하고 그 꿈을 지키고 그와 더불어 살아가는 법을 배우고 있다. 태풍 하이옌의 여파 속에서 여성들에게 필요한 것은 구호품만이 아니다. 세계 곳곳에서 보내온 너무나도 고마운 기부금보다도, 여성들의 삶을 재건하기 위한 투쟁에서 더 절실한 것은 연대이다. 현재 여러 여성 단체가 손에 손잡고, 대중과 연대하여 일하고 있다.

재생산 건강 실무단과 젠더에 기반한 폭력 서브 클러스터인 필리핀가족계획기구는 계속 여성 단체와 함께 일하며 다른 NGO들, 정부 단체, 기관들과도 협력하고 있다. 필리핀가족계획기구는 여성이 자신의 삶을 재건하는 것을 돕고 있으며, 이용 가능한 성과 재생산 건강과 권리에 대한 포괄적인 정보와 성과 재생산 의료 서비스를 제공한다. 자기 몸에 대한 정확하고도 적절한 정보, 개인으로서의 권리, 자신에게 가능한 선택으로 무장한 여성들은 역량 강화를 위한 첫걸음을 내디딘 것이다.

여성들은 계속해서 필리핀을 재건하고 복구해야 한다. 1898년 필리핀 혁명 때, 스페인으로부터 독립하기 위해 싸웠던 가브리엘라Gabriela, 탄당 소라Tandang Sora와 그레고리아 드 헤수스Gregoria de Jesus처럼, 이름 없고 얼굴 없는 이 나라의 영웅들은 오늘도 자신의 기본 인권을 위한 투쟁을 하고 있다. 앞서 언급했듯이, "여성들이 취약한 것은 신체적 특성상 약해서가 아니라 사회 제도가 여성들을 가난하게, 정치적으로 소외되게, 남성에게 의존하게 만들었기 때문임을 젠더 연구는 밝혀냈다"(Militzer,

2008: 30). 여성들이 성과 재생산 건강과 권리를 성취하고 성폭력과 젠더에 기반한 폭력을 근절하기 위해 투쟁하는 것처럼, 자신들에게 가능한 권리, 기본적인 권리를 온전히 누리기 위해서는 가부장제, 억압, 착취에 대항해 뭉쳐야 한다.

결론

태풍 하이옌의 여파로 인한 여성의 성과 재생산 의료 요구를 충족시키고, 성폭력과 젠더에 기반한 폭력을 방지하고 수습하는 인도주의적 대응은 과거 재난 경험을 거울삼아야 한다. 페미니스트 이론이 생각하는 실제 경험이란 더 나은 미래를 위해 분석 도구로 쓰일 수 있도록 현 상황과 결합되는 것이다. 필리핀은 부富의 불평등한 분배, 기후 변화, 천연 자원의 무분별한 개발 등과 같은 여러 문제로 재난의 여파가 악화되기 때문에, 여성의 문제를 제기하고 다른 재난 문제와 연결시키기 위해서는 바로 지금이 최적기이다. 에나르슨과 필립스는 "재난 사회학과 페미니스트 이론은 유사한 개념들(예를 들면, 사회 권력, 특권, 지배, 취약성, 역량 강화, 정치 경제, 사회 변화)을 공유하고, 똑같이 세계적이고, 간학문적이며 평등을 지향하는 행동 중심의 연구이므로 함께 잘 협력하고, 좀 더 친밀한 관계를 구축해야 한다"고 말한다(Enarson et al., 2006: 131).

태풍 하이옌이 지나간 후, 여성과 소녀들이 겪는 문제들, 그들의 성과 재생산 건강과 권리와 성폭력과 젠더에 기반한 폭력에 관한 서비스와 정보의 부족은 여성이 억압받고 물건으로 취급되는 성 불평등 상황에서 비롯된 것이다. 따라서 "재난에 대한 취약성은 가부장제와 오늘날 개발도상국들에 여전히 영향력을 행사하는 세계 자본주의와 식민주의의 역사적 역동성을 빼놓고서는 이해할 수 없는 것이다"(Eanrson et al., 2006: 132).

태풍 하이옌의 여파 속에 여성들은 아이티 지진, 허리케인 카트리나, 인도양 쓰나미와 세계 여러 곳을 강타한 여러 재난 이후 여성들과 유사한 양상을 보였다. 그러므로 필리핀 여성들의 상황과 고충을 이해하려면, 우리는 해외 여성들의 상황과 재난에 대한 취약성을 가중시키는 세계 경제, 정치, 문화 시스템을 연구해야만 한다. 더 나아가, 필리핀 여성과 소녀들의 권리를 위해 싸우기 위해서는 해외 여성들과 손잡고 그들과 국제적으로 연대하는 것이 필요하다.

전 세계로 울려퍼진 태풍 하이옌의 울음소리가 지금은 뜨거운 주제이지만 곧 역사 속의 평범한 기록이 될 것이다. 신문에서 읽거나 목격자에게서 들은 평범한 이야기들 중 하나가 될 수도 있다. 여성 운동가, 구호 활동가, 지역 공동체 지도자들이 현 생존자들의 구호라는 전술적인 차원에만 집중한다면 평범한 이야기들 중 하나에 머무르게 될 것이다. 그러므로 여성과 소녀들의 성과 재생산 건강과 권리의 완전 성취와 성폭력과 젠더에 기반한 폭력 근절을 목표로, 여성과 민중이 전략적인 관점을 가지고 조직화하는 것이 필요하다. 이 목표는 모두가 사회의 가부장적, 억압적, 착취적인 시스템에 대항해 함께 투쟁해야만 온전히 실현될 것이다. 여성과 소녀들이 폭력의 거센 폭풍을 맞고 있다면, 연대 투쟁의 큰 파도가 그에 맞설 것이다.

참고 문헌

Anastario, M., N. Shehab, & L. Lawry (2009), "Increased Gender-based Violence Among Women Internally Displaced in Mississippi 2 Years Post-Hurricane Katrina," *Disaster Medicine and Public Health Preparedness.*

Bain, A. & M. F. Guimond (2014), "Impacting the Lives of Survivors: using service-based data in GBV programmes," *Humanitarian Exchange Magazine,* 60, retrieved from http://www.odihpn.org/humanitarian-exchange-magazine/issue-60/impacting-the-lives-of-survivors-using-service-based-data-in-gbv-programmes on 14 February 2014.

Bankoff, G., G. Freks, & D. Hilhorst (eds.) (2004), *Mapping Vulnerability: Disasters, Development, and People*, Sterling, VA: Earthscan.

Blaikei, P., T. Cannon, I. Davis, & B. Wisner (2004), *At Risk: Natural hazards, People's Vulnerability and Disasters* (2nd ed.), New York: Routledge.

Bolin, R., M. Jackson, & A. Crist (1998), "Gender Inequality, Vulnerability and Disaster: Issues in Theory and Research," in E. Enarson & B. H. Morrow (eds.), *The Gendered Terrain of Disaster*, Westport, CT: Greenwood Publications, pp. 27-44.

Bookey, B. (ed.) (2010), *Our Bodies Are Still Trembling: Haitian Women's Fight Against Rape*, Boston, MA: Institute for Justice & Democracy in Haiti (IJDH) and Lawyers' Earthquake Response Network (LERN).

Dasgupta, S., I. Siriner, & S. D. Partha (eds.) (2010), *Women's Encounter with Disaster*, London: Frontpage Publications.

Declaration on the Elimination of Violence against Women (DEVAW) (1993), retrieved from http://www.ohchr.org/english/law/eliminationvaw.htm on 2 March 2008.

Enarson, E., A. Fothergill, & L. Peek (2006), "Gender and Disaster: Foundations and Directions," in H. Rodriguez, E. L. Quarantelli, & R. R. Dynes (eds.), *Handbook of Disaster Research,* New York: Springer, pp. 130-146.

Global Protection Cluster, GBV Prevention and Response (2013), *Preventing Gender-Based Violence After Typhoon Yolanda; Responding to Survivors' Needs,* retrieved from /sites/reliefweb.int/ files/resources/GBV%20AoR%20 Philippines%20advocacy% 20final%20.pdf on 13 February 2014 .

Henrici, J., A. S. Helmuth, & J. Braun (2010), "Women, Disasters, and Hurricane Katrina," *Institute for Women's Policy Research* No. D492, retrieved from http://www.iwpr.org/publications/pubs/women- disasters-and-hurricane-katrina/at_download/file on 16 February 2014.

Inter-agency Standing Committee (2005), *Guidelines for Gender-based Violence*

Interventions in Humanitarian Settings, retrieved from https://docs.unocha.org/sites/dms/Documents/GBV%20Guidelines%20(English).pdf on 11 December 2013.

Militzer, D. (2008), *Disaster and Gender: The Indian Ocean Tsunami and Sri Lankan Women*, Toronto: International Development Studies, University of Toronto.

National Disaster Risk Reduction and Management Council (2014), *SitRep no. 104 Effects of Typoon Yolanda (Haiyan)*, retrieved from http://www.ndrrmc.gov.ph/attachments/article/1125/Update%20 Sitrep%20No.%20104%20Effects%20of%20TY%20YOLANDA.pdf on 30 January 2014.

National Statistics Office [Philippines] and ICF Macro (2009), *Philippines National Demographic and Health Survey 2008: Key Findings*, Calverton: NSO and ICF Macro.

Swatzyna, R. J. & V. K. Pillai (2013), "The Effects of Disaster on Women's Reproductive Health in Developing Countries," *Global Journal of Health Science*, 5(4): 106–113.

United Nations Children's Fund, World Health Organization, & United Nations Population Fund (1997), *Guidelines for Monitoring the Availability and Use of Obstetric Services*, New York: United Nations Children's Fund, retrieved from http://www.childinfo.org/files/maternal_mortality_finalgui.pdf on 12 February 2014.

United Nations Population Fund (UNFPA) (2013), "Typhoon Haiyan/ Yolanda," *Humanitarian Bulletin Period covered: 30 November – 6 December 2013*, retrieved from http://www.unfpa.org/webdav/site/ global/shared/documents/news/2013/Haiyan%20Humanitarian %20Bulletin%2006Dec2013.pdf on 20 December 2013.

Women's Refugee Commission (2006), *Minimum Initial Service Package (MISP) for Reproductive Health in Crisis Situations: A Distance Learning Module*, retrieved from http://misp.rhrc.org/ on 9 November 2013.

10 재난에 강한 마을을 만드는 네팔 여성들

칼파나 에리알

개요

네팔은 재난 발생이 빈번한 20개 나라 중 하나이다. 이에 더해 여성들이 남성과 동등하게 자원에 접근하고 통제하지 못하는 것은 네팔의 취약성을 가중시킨다. 러타핫Rautahat 지역에는 홍수, 화재, 전염병, 한파와 같은 재난들이 매해 발생한다. 해마다 홍수로 756 가구가 임시 대피를 한다. 여성들은 문맹, 가난, 의식 부족, 사회적 금기, 가정 폭력 및 기타 폭력, 자원에 대한 접근과 통제권 결여, 낮은 영향력과 의사 결정 능력의 부족 등의 이유로 재난 시 가장 취약한 그룹으로 여겨진다. 다중위험 대처 방안Multi-Hazard Approach의 하나인 재난 위험 경감Disaster Risk Reduction은 공동체 복구와 직접적으로 연결된다. 이는 지역 공동체와 관계된 개발을 모두 포괄한다. 네팔 적십자회를 통해 재난 위험 경감과 기후 변화 대응Climate Change Adaptation에서의 여성 지도력을 강화하겠다는 목적을 가지고 우리는 마을개발위원회에 6개의 여성역량강화센터를 만들었다. 이 사업을 통해 여성들은 여러 교육을 받을 수 있었다. 여성역량강화센터 회원들은 지역 주민들을 재난 관리에 참여시키고 다른 단체와 제휴하여 그들이 필요한 전문 기술을 얻어냄으로써 가시적 성과를 이루어 냈다.

배경

네팔 적십자의 재난 관리 전략 체계에 따르면, 중국과 인도 사이에 낀 네팔은 재난 발생이 빈번한 20개 나라 중 하나이다. 네팔은 지진에 취약한 나라 11위, 홍수에 취약한 나라 30위, 기후 변화와 연관된 문제에 취약한 나라 4위이다. 세계은행이 수행한 연구는 네팔을 자연재해의 포괄적인 '위험 지대'로 분류했다. 네팔을 재난에 취약하게 만드는 요인은 지형, 기후 변화, 엄청나게 많은 강우량, 세계적인 유행병의 위협 등이다. 지진, 홍수, 산사태, 폭풍, 우박, 화재, 빙하 호수의 급격한 범람, 눈사태와 같은 다양한 재난이 자주 발생한다. 네팔의 사회 정치적 상황과 낮은 인간 개발 지수Human Development Index, 여성들이 자원에 동등하게 접근, 통제하지 못하는 것, 성매매업 종사자와 그 고객, 마약 중독자들 사이에 만연한 HIV/AIDS, 영양실조 같은 여러 이유도 네팔이 재난에 취약할 수 밖에 없게 만든다. 2011년 센서스에 따르면, 여성 총 인구는 1,370만 명으로 남성 인구 1,290만 명보다 많다.

2011년 중앙 통계국의 센서스 보고서에 의하면, 러타핫 지역은 총 인구가 686,772명인 지방 자치시로, 96개의 마을 개발위원회가 있다. 이 중 남성은 351,079명이고 여성은 335,643명이다. 네팔 적십자회 지역 보고서에 따르면, 해마다 이 지역에 있는 강들, 즉 바그마티Bagmati, 자즈Jhajh, 랄바카이암Lalbakaiyam, 찬다니Chandani 강이 범람해서 홍수로 약 4,968 가구(29,808명)가 피해를 입고, 756 가구가 임시로(최대 2주) 대피해야 했다. 해마다 홍수는 막대한 피해를 일으킬 뿐만 아니라 수원을 오염시키고 위생 시설을 망가뜨려 수인성 전염병을 퍼뜨린다.

산후 여성의 사망, 여성 실종, 홍수 발생 후 구조대원이 강간과 성희롱을 하는 성폭력 사례들이 보고되었다. 그러나 의식 부족, 문화 규범, 남성에 대한 의존성 등 때문에 그런 사례들이 보고되는 비율은 매우 낮으리라 추정된다. 여성은 모든 재난 전에도, 재난 시에도, 재난 후에도 가장 취약한 집단으로 간주된다. 여성들은 의식이 부족하고, 자원에 접근하기 힘들며, 고용 기회도 적고, 극빈자와 문맹이 많으며, 가족과 마을에서 의사 결정 능력이 거의 없다. 중요한 결정은 남편, 아버지, 형제들이 내리는 것이 사회 규범이고, 여러 가지 금기는 여성을 가정에만 묶어 둔다. 그러므로 여성들은 재난 대비 활동에 참여할 수 없다. 대부분의 단체가 여성 문제를 제기해도, 재난이 발생하면 풀뿌리 차원에서 여성을 포괄하는 정책을 펼치기는 매우 어렵다. 대피소에서 여성들은 성병이나 HIV, 요도염, 질염에 걸리거나 정신적 트라우마를 일으킬 수 있는 강간, 성희롱을 당하거나 불안전한 성관계, 원치 않는 임신을 하게 되는 경우가 많았다. 마찬가지로, 재난이 발생하면 월경 중이거나 임신한 여성, 수유 중인 여성에게 필요한 용품이나 시설이 제공되지 않아 질병에 걸리기 쉽다. 구조대원 대부분이 남성이므로, 여성들이 필요한 물품을 요구하기란 매우 어렵다.

러타핫 지역의 기본적인 위생 시설은 매우 낙후되었다. 이 지역에서 노상 배변과 여성에 대한 가정 폭력은 매우 흔하다. 네팔 적십자를 통해 우리는 다중 위험 대처 방안에 따르고, 마을 개발에서 재난 위험 경감을 주요 사업으로 포함시킴으로써 재난에 강한 마을을 만들고자 했다. 이를 위해 마을 재난관리위원회를 만들어 다양한 재난 대비 활동을 수행하는 프로젝트를 실시했다. 마을 재난관리위원회를 꾸리면서, 우리는 여성 지도력에 중점을 두었지만 교육 수준이 낮은 여성들의 참여는 저조했다. 수색과 구조 훈련, 응급 처치 교육, 마을 차원의 재난 위험 경감 교육, 취약성 평가, 재난 위험 관리 계획과 같은 모든 활동에 남성과 여성이 동등하게 참여하도록 했다. 마을 재난관리위원회가 여성 문제에 민감해질 수 있도록 우리는 여성역량강화센터를 세웠다.

여성역량강화센터 설립

그 지역 여성들은 남성과 동등한 교육 기회를 갖지 못하며, 재산권도 없고, 조기 결혼과 강제 결혼, 신부 지참금 제도로 고통받을 뿐만 아니라, 교육과 모임에 참여해 의견을 나누는 데 제약을 받으며, 성인 남성과의 의사 소통도 제한되고, 여성이 가족 돌보미로 여겨지지 않는 문제도 있었다. 여성과 소녀들은 장보기 등을 위해 밖에 나가는 것도 할 수 없다. 기초 조사를 수행하면서 문맹, 가난, 실업, 지도력의 결여 등으로 재난 시 여성들의 취약성이 더 심해진다는 것을 알게 되었다. 그래서 재난 위험 줄이기와 기후 변화 대응에서 여성의 지도력을 강화한다는 목표를 가지고, 2009년 시범 사업으로 하시야히Hathiyahi 마을 개발위원회에 여성역량강화센터를 세웠다. 이 센터의 지난 1년 간의 활동 상황을 검토한 후, 2010년 찬드라니가하푸르Chandranigahapur, 산타푸르Santapur, 카타하리야Katahariya, 진가다와벨비치하와Jingadawabelbichhawa, 가우르Gaur 마을 개발위원회에 5개의 여성역량강화센터를 더 세웠다. 이 사업은 여성들의 지역 기관 참여를 촉진하고, 여성역량강화센터 회원들의 권리 옹호 기술을 향상시켜, 그들이 공동체 문제 해결을 위해 마을 개발위원회 총무 등 외부 서비스 제공자에게 지원을 요청할 수 있고, 회원들의 능력을 개발해 공동체 회원으로 통합될 수 있게 하는 것을 목표로 한다.

지역 사회 모임에서, 각각의 마을 개발위원회에 30인 위원회를 구성하고 이를 여성역량강화센터라 불렀다. 이 그룹이 전문적으로 굴러갈 수 있도록, 간사facilitator와 공동 간사co-facilitator에게는 인센티브를 주었다. 간사들은 여성 역량 강화, 재난 위험 경감, 기후 변화 대응, 깨끗한 물과 위생 시설Water, Sanitation and Hygiene 만들기, 지도력, 여성의 권리와 같은 사안에 따라 지도자 교육을 받았다. 간사들의 역할은 여성역량강화센터의 월례 모임을 주최하고, 사안별로 센터 회원들의 정기 모임을 주관하며, 마을에서 주민들과 함께 캠페인을 펼치고, 지역 집단과 센터 간의 다리 역할을 하는 것이다. 이에 더해, 우리는 회원들에게 깨끗한 물과 위생 시설, 재난 위험 경감, 여성의 권리, 재생산권 등에 대한 교육 모임도 제공했다.

토론에서, 여성들은 경제적 취약성과 문맹 때문에 재난 위험 경감 활동에 참여하기 어렵다고 이야기했다. 여성들의 경제적 취약성을 줄이기 위해 사업 개발 교육을 지원하는 한편, 적절한 생계 수단을 선택할 수 있게 도왔다. 이 사업은 지역 사회 여성들의 요구에 기반해 이들의 경제적 지위를 향상시키고자 채소 재배, 대나무 의자 제작, 피클 담그기, 마케팅 등 기술 중심의 교육을 제공했다. 같은 방식으로, 지역 차원에서 여성들이 비인가 성인 교육Praudh Sikchha을 받을 수 있게 했다.

재난 위험 경감은 재난에 강한resilient 마을 만들기와 직접 연결되므로, 지역 공동체와 관계된 개발의 모든 면을 포괄한다. 우리는 공동체 참여를 위한 사업 계획을 개발하도록 여성들을 도왔다. 현재 그들은 자기 마을의 문제를 해결할 수 있는 사업 계획을 준비하고 있다. 그들은 정부를 포함한 관련 단체를 정기적으로 방문해 계획을 실행할 수 있도록 지원을 요청하고 있다.

주요 성과

재난 관리

– 이 지역의 강은 해마다 범람하여 농지가 물에 잠긴다. 여성역량강화

센터의 회원들은 지역 주민들과 함께 군수, 마을 개발위원회 당국과 협의하여 건설 용도로 강에서 돌, 자갈, 모래를 채취하는 것을 통제했다. 그 결과 현재 재난 위험은 감소되었다.
- 여성 역량 강화 그룹은 군청 농업개발과에 농업위원회로 등록되어 있다. 이들은 적극적으로 기금을 조성해 모으고 있다.
- 이들은 강가에 나무를 심기 시작했으며, 다른 단체들의 지원을 받아 세 곳에 돌망태Gavion Wall(철망 안에 자갈이나 돌을 쌓은 담: 옮긴이)를 쌓았다.
- 공고, 집회, 포스터 배포 등과 같은 다양한 활동을 통해 화재 위험에 대한 주민 의식을 높였다.
- 소방대원들의 협조를 받아 화재 진화 요령을 배웠다.
- 손 씻는 법, 화장실의 중요성, 정수 방법, 워터 가드Water Guard(저렴하게 직접 물을 소독할 수 있는 염소 용액 제품: 옮긴이)와 정수기의 사용법을 알려 줌으로써 물과 위생에 대한 의식을 고취했다.
- 탐색과 구조 훈련을 받은 뒤, 홍수 때 여성을 구조할 수 있게 되었다.
- 마을 두 곳에 소형 사이렌을 이용한 조기경보 시스템을 구축했다. 이 시스템을 통해 여성들은 재난이 닥치기 전에 지역 주민들에게 재빠르게 정보를 전달할 수 있게 되었으며, 노인 · 장애인 · 아동 · 만성 질환자들이 먼저 안전한 곳으로 대피할 수 있게 돕는다.

위생

- 여성역량강화센터는 마을과 도로 청소, 수자원의 정기적인 관리, 각 가정에 화장실 청소와 집안 청소를 권장하는 것과 같은 활동을 했다. 이들이 이룬 가장 큰 성과는 주민들 스스로 위생에 힘쓰게 한 것이다.

- 한 마을은 노상 배변 금지를 선언했으며, 다른 마을은 자발적으로 화장실을 짓기 시작했다. 그 결과 노상 배변이 크게 줄어들었다.
- 이들은 교대로 급수 탱크를 정기적으로 청소하는 시스템을 개발했다.

> **노상 배변 금지 지역 선언**
>
> 여성역량강화센터 멤버들은 교육과 모임에 참여한 후, 각자의 마을로 돌아가 의식 강화 모임을 정기적으로 주최했고, 자기 지역을 노상 배변 금지 지역으로 만들기로 했다. 이를 위해, 이들은 각자의 지역에서 변기와 링(변기와 하수구를 연결하는 왁스 링: 옮긴이)을 만들 수 있도록 기술 교육을 해달라고 요청했다. 센터에서 기술 교육을 지원한 결과, 가난한 이들이 저비용으로 자기 집에 화장실을 만들 수 있게 되었다. 이렇게 해서 스스로의 힘으로 자신들의 마을(57가구)을 노상 배변 금지 지역으로 만드는 데 성공했다. 이것은 결코 쉬운 일이 아니었다. 이전에도 다른 조직에서 이 마을의 몇몇 가정을 선발해 화장실을 지어 주었지만 그들은 동물 우리, 창고 등 다른 용도로 사용했다. 그러나 현재 그들은 화장실의 중요성을 깨닫고, 마을이 주도하는 종합 위생 시설 설비의 일환으로, 보조금 없이 자신들의 힘만으로 이를 이루어 냈다.

수자원 보호

- 상수원上水源으로 가축(소, 염소, 버팔로 등)을 데려가는 일이 흔해서 그로 인해 식수가 오염되곤 했다. 여성역량강화센터 회원들은 물을 지키기 위해 이를 막았다. 부서진 물 탱크를 보수하기 위해 다른 조직과도 협력했다.

- 숲 보존을 위해 이들은 삼림 지대에 가축을 방목하는 것을 제한하는 규칙을 정했다. 이 규칙을 지키지 않는 이는 10,000 네팔 루피의 벌금을 물게 하고 이 돈은 마을 전체를 위해 쓰기로 했다.

조직화

- 여성역량강화센터 참여자들은 다른 협력 조직들에 대한 정보를 모으고 그들의 역할과 책임, 활동 분야, 사업, 연락처를 알아보기 시작했다. 필요한 경우에, 이들은 협력 조직과 접촉하여 협력하는 것을 주저하지 않는다.

여성의 권리

- 여성역량강화센터는 여성폭력추방16일캠페인을 펼쳤다. 이들은 지역 차원에서 젠더에 기반한 폭력을 알리기 위해 군청 삼림과 직원과 관계자들을 대상으로 대화 모임을 열었다. 이들은 대중에게 여성의 권리를 알리기 위해 군 내의 여러 곳에서 집회를 열었다. 캠페인 16일째에 폐막식의 일환으로 군 단위의 워크숍을 개최하기도 했다.
- 마을 여성들이 자신의 권리를 주장하기 시작했다.
- 가정에만 머물렀던 여성들이 여성의 날을 계기로 안건을 내놓기도 하고, 여성들의 활동을 지원하라는 압력을 넣으려 4개의 부처를 찾아가기도 했다.

제도적 발전

- 가이다타르Gaidatar, 치디야다하Chidiyadaha, 산타푸르Santapur의 여성 역량 강화 모임은 저축과 신용 프로그램에 참여하고 있다. 이 중 한 그룹은 협동조합으로 등록했으며 두 그룹은 현재 등록 진행 중이다.

생계 수단 확보

- 가이다타르 여성역량강화센터는 빗자루, 변기, 콘돔, 생리대와 같은 위생 설비, 위생 용품, 가족계획 관련 제품을 판매하는 공동 상점(Sanimart)을 마을에 열어서 운영하고 있다. 이 상점은 그 지역 여성들의 경제 상황 개선에 기여하고 있다. 상점 수익의 10%는 마을 재난관리위원회의 회전 기금으로 모아서, 재난 시 즉각적인 구호를 지역에서 받을 수 있게 한다.
- 산타푸르 여성들은 현지에서 변기와 링을 만들어 인근 지역에 저렴한 가격으로 판매한다.
- 마을 여성들이 함께 대나무 의자를 만들어 인근 시장에 판매하기 시작했다.

주기적으로 요청을 해도 여성 문제를 위한 마을 개발위원회의 기금을 얻는 일은 여전히 과제로 남아 있으며, 서서히 변하고 있기는 하나 지역 주민들의 규범, 신념, 가치를 변화시키기란 무척 어려운 일이다.

결론

- 여성역량강화센터는 각자의 마을 개발위원회와 지역에서 여성 문제를 해결하기 위한 효과적인 수단이다.
- 교육, 의식화, 사회적 압력은 모든 형태의 여성 폭력을 방지함으로써 여성의 권리를 보장하는 데 효과적이고도 필수적인 도구이다.
- 여성 역량 강화 활동에 남성이 참여하게 하면 여성의 활동이 더 수월해지므로 남성의 참여도 필요하다.

여성 역량 강화 활동으로 삶이 바뀐 풀마티야의 이야기

저는 바하더르푸르Bahadurpur시 카타하리야Katahariya구 2번지에 사는 풀마티야 데비 야다브Pulmatiya Devi Yadav입니다. 저는 정규교육을 받은 적이 없으며 스무 살이 되기 전에 결혼했고 시부모를 모셔야 했습니다. 그리고 아들 셋과 딸 하나를 낳았는데 남편이 유일한 가족 생계 담당자이지요.

남편과 시아버지는 저나 시어머니와 한마디 상의 없이 집안의 대소사를 결정했어요. 여자들은 의사 결정 과정에 전혀 참여하지 못했죠. 시아버지가 돌아가신 뒤로는 남편 혼자 집안의 대소사를 결정해요. 나하고 의논도 하지 않고 필요 없는 물건을 사는 데 돈을 쓰곤 했어요.

네팔 적십자회의 지원을 받은 여성 역량 강화 모임이 우리 마을에서 시작되었을 때 저는 남편에게 그 모임에 가게 해달라고 했어요. 하지만 남편은 허락하지 않았을 뿐만 아니라 정신적 · 육체적으로 몹시 나를 괴롭혔어요. 그 후 저는 여성역량강화센터 회원들을 만나 내 이야기를 들려 주게 되었어요. 그 이야기를 듣고 여성역량강화센터 회원 12명이 남편을 설득하기 위해 우리 집으로 왔어요. 기나긴 논쟁 끝에 허락을 받아낼 수 있었죠. 모임에 다녀와서는 그곳에서 배운 것을 전부 남편에게 얘기해 주었어요. 점점 남편도 제 말에 귀를 기울이게 되었답니다. 요즘 남편은 내가 무엇을 배웠는지 몹시 궁금해 해요. 이젠 남편이 제 의견을 존중해요. 자기가 벌어온 돈을 저한테 다 맡기고 이 돈을 어디에, 어떻게 쓸 것인지 함께 결정하게 되었어요. 저는 지금 행복해요. 공동체의 모든 구성원이 여성의 권리와 여성 문제에 눈을 뜰 수 있게 해 준 적십자회에 감사드립니다.

제4부

대안 페미니즘 운동

11 생물 다양성으로 식량 주권을 지키는 인도네시아 여성들

하유 디아 패트리아

개요

세계 식량 대부분은 25억 명이 넘는 소농, 목축민, 숲 거주자, 어부들이 기르고 채집하고 수확하는 것들로, 이에 여성들이 절반 넘게 참여하고 있다. 여성들의 지식과 노동은 전 세계에 있는 다양한 로컬 푸드 시스템을 유지하는 데 중심 역할을 한다. 만타사Mantasa는 식용 야생 식물을 활용하고자 하는 인도네시아의 자치 조직이다. 생물 다양성은 식량 주권의 핵심이며, 여성들은 살림에 도움이 되는 천연 자원 활용의 지식과 지혜를 가지고 있다. 이 글에서 논의하게 될 가렝도워 마을은 여성들이 식용 야생 식물을 이용하여 식량 주권을 지킨 성공적인 사례이다.

서론

인류 역사에서 식량으로, 섬유로, 그리고 산업용, 문화용, 의료용으로 이용된 식물 종은 40개에서 10만 개에 이른다. 현재 전 세계에서 재배되는 작물은 7천 종이 넘는다. 지난 500년간 발전을 거듭하는 국제 무역 시스템이 세계 곳곳의 사람들과 맺은 계약이 늘어가면서 30여 종의 작물이 집중적으로 널리 재배되었으며, 이제 이 작물들이 세계 농업의 토대가 되었다(Jaenicke & Hoschle-Zeledon, 2006). 그 결과 이 작물들에 세계 시장과 과학 연구의 관심이 집중되었다. 어떤 종은 다른 것으로 대치되거나 재배되지 않게 되었고, 어떤 종은 그 계통을 대표하는 종이거나 두 번째로 중요한 종이어도 상업과 과학의 관심을 크게 받지 못했다. 이러한 종은 '잘 쓰이지 않는 종', '야생 식량', '식용 야생 식물', '구황 식품' 또는 '빈민 음식'이라고 불린다.

한편, 25억 명이 넘는 소농, 목축민, 숲 거주자, 어부들이 전 세계 식량 대부분을 기르고 채집하고 수확하고 있으며, 여기에 여성들이 절반 넘게 참여하고 있다. 전 세계에, 특히 개발도상국에 존재하는 다양한 로컬 푸드 시스템을 유지하는 데 여성들의 지식과 노동은 중요한 역할을 한다. 그러나 불행히도, 식량 안보에서 여성들의 다양한 역할은 무시되었다(Howard, 2003). 여성들은 식량의 생산, 가공, 저장, 거래, 판매, 구입, 요리에서 중요한 역할을 담당한다. 그러므로 여성들이 세계 식량 생산의 절반을 책임지고 있음이 분명하다. 하지만 세계 기아의 70%는 여성과 소녀들이 겪고 있다(FAO, 2011).

인도네시아의 전통적인 푸드 시스템

인도네시아 토착민들이 구할 수 있는 식량은 크게 땅과 자원에 대한 접근과 통제, 그리고 전통 생활의 지속 여부에 달렸다. 이 모든 것이 위협받고 있으며, 배고픔은 가난한 이들의 일상이 되었다. 토착민들의 땅, 자원, 생물의 다양성은 외부 세력의 공격을 계속해서 받고 있는데, 그것은 토착민들의 전통적인 식량을 잃게 만든다. 지역화된 푸드 시스템은 전 세계 사람들의 영양, 소득, 경제, 문화의 토대가 된다. 지역화된 푸드 시스템은 가정에서 시작하여 이웃, 마을, 지역으로 확대된다(Pimbert, 2009). 로컬 푸드 시스템이 돌아가게 하는 노동력 대부분은 여성들이 제공한다. 여성은 식량 생산자이자 가공자이며, 생계를 위해 하는 일이지만 결과적으로 천연 자원을 보존하고 가공하는 결정적인 역할을 사회에서 담당하고 있는 것이다. 그들의 역할은 잘 드러나지 않지만, 과학 · 기업 · 정치 쪽 사람들과의 네트워크를 넓혀 가려면 바로 지금 변화해야 한다. 그와 같은 네트워크는 촌락, 마을, 주민, 생태적 단위들을 연결시키는 강력한 동력이 될 수 있기 때문이다.

라 비아 캄페시나(La Via Campesina, 2002)에 따르면, 식량 주권food sovereignty이란 각자의 독특한 환경에서 생태적 · 사회적 · 경제적 · 문화적으로 알맞은 농업, 노동, 어업, 식량과 토지 정책들을 정할 권리를 개인, 공동체, 국민과 국가가 가지는 것이다. 이것은 참된 식량권과 식량을 생산할 권리를 포함하며, 모든 인간이 안전하고 영양가 있고 문화적으로 알맞은 음식을 먹을 권리와 자신과 사회를 유지할 식량 생산 자원과 자격에 대한 권리를 지니고 있음을 뜻한다.

그러나 현재 우리의 푸드 시스템은 기업, 농기업, 정부의 몇몇 사람들 손에 달려 있다. 무엇을 먹어야 하며 어디서 어떻게 식량을 얻어야 하는지 결정하는 것은 바로 이들이다. 그래서 사회는 대기업이 모두를 위한 식량을 생산한다고 믿게 되었고 소규모 농업은 어느새 구식이 되었다. 소농들은 농촌을 떠나 도시에 정착해 공장이나 서비스 업종에서 일거리를 구하고, 동네 슈퍼에서 식품을 사게 될 것이다. 이런 현상은 도시뿐만 아니라 농촌 지역에서도 일어나며 식품 소비 패턴도 변했다. 농촌 주민도 대기업이 자신들의 식량을 생산할 것이라 믿으며, 주변 지역 자원으로 자신들이 먹을 것을 모두 마련할 수는 없다고 생각하게 되었다. 이런 시스템은 사회를 약화시키며 사회적 혼란이 있을 때마다, 예를 들어 사회를 붕괴시키는 자연재해, 연료 부족, 정치 불안이 있을 때마다 식품 가격은 상승하게 된다.

식량 주권 찾기: 만타사의 역할

만타사는 지역의 천연 자원을 활용함으로써 식량 주권을 찾으려는 자치 조직이다. 인간을 위한 식량 주권을 성취하기 위해 우리는 연구, 교육, 캠페인 세 가지 전략을 개발했다. 우리는 식품공학, 인류학, 민속식물학, 생물학, 사회학 등 여러 분야에 걸쳐 연구를 했다. 식량 문제는 단지 음식에 관한 것이 아니라 사람, 환경, 경제, 땅, 시장, 숲 등에 관련된 것이기도 하다. 이것이 바로 우리가 서로 다른 관점에서 식량 문제를 검토하려는 이유이기도 하다.

'생물 다양성이 매우 큰 12개국' 가운데 하나인 인도네시아는 중국, 인도 다음으로 인구가 많다. 인도네시아는 인구의 5~19%가 영양실조인 8개국에도 포함된다. 이렇게 식량이 불안정한 상황은 교육, 기술, 자본과 시장 접근성의 부족으로 일어나기도 한다(IFRC, 2008). 이들에게 달리 선택할 수 있는 생계 수단이나 식량 자원은 없다. 생물 다양성이 농촌 빈민의 생계에 도움이 된다고 많은 이가 주장한다. 그러므로 생물 다양성의 상실과 빈곤은 함께 다루어야 하는 서로 이어진 문제이다. 환경 보호와 빈곤 퇴치는 함께 논해야 하는 것이다.

식용 야생 식물을 활용하고자 하는 우리의 노력은 식량 주권을 확보하기 위함이다. 우리는 쉽게 구할 수 있고, 영양가 있으며, 비타민 · 미네랄 · 미량 영양소도 공급할 수 있는 식용 야생 식물에 주력한다. 세계식량계획(WFP, 2008)에 따르면, 2008년도에 인도네시아에서 기아로 허덕이는 아동은 400만 명이나 된다. 이는 두말할 것도 없이, 아이들은 나라의 미래란 점에서 인도네시아의 큰 손실이다. 가족에게 음식을 제공하는 이로서 어머니들이 이에 대한 책임을 져야 한다. 그러나 현재 우리의 세계화된 푸드 시스템은 시장뿐만 아니라 사람들의 토지, 수자원, 그리고 그들의 생각마저도 점유한 탐욕스러운 이들 손에 있기 때문에 이 모든 것을 어머니 탓으로 돌릴 수는 없다. 역사적으로, 여성들은 세계 최초의 농민이자 식물 재배자였지만 여전히 독립적인 농민과 식물 재배자로 여겨지지는 않는다. 지금까지 농업에서 여성의 역할은 그림자에 가려졌었다. 아이들의 영양 실조는 어머니 책임이라고 말할 때, 우리는 사회에서의 어머니 역할을 폄하하려는 것이 아니다. 그 반대로 음식 제공은 결코 하찮은 일이 아니라는 점에서, 우리는 여성들이 사회에서 중요한 역할을 한다는 것을 보여 주려는 것이다.

자연과 여성은 서로 떼어놓을 수 없다. 자바와 술라웨시 섬과 같은, 인도네시아의 서로 다른 지역들을 연구하면서, 이 밀접한 관계는 분명하게 드러났다. 농촌 지역 여성들의 가사 활동을 기록해 보니, 인도네시아의 여러 지역에서 여성들이 매일 자연과 가족을 위해 하는 일에서 동일한 패턴을 발견했다. 여성들은 새벽 4시에 일어나 집 청소를 하고, 가족을 위해 아침 식사를 준비한다. 아이들이 학교에 가고 나면 들이나 숲으로 가서 소 먹일 풀을 뜯어 모은다. 이에 더해 가족을 위해 들나물과 과일을 채집하기도 한다. 보통 소 먹일 풀은 남녀 모두가 뜯어 모으지만, 나물 채집은 여성의 일이다. 그것은 세계 어느 곳에서나 마찬가지로, 피에로니(Pieroni, 2003)는 이탈리아 남부 루카니아Lucania의 아르베리쉬Arbëresh 여성들도 식용 나물과 독초를 구별하고 채집하고 처리하는 똑같은 일을 한다고 보고했다. 네팔도 마찬가지로, 대니겔리스(Daniggelis, 2003)는 네팔 동부의 여성들도 호구 대책으로 야생 식물을 모아 활용하고 갈무리하는 일을 담당한다고 말한다. 이 여성들은 야생 식물을 찾는 것뿐만 아니라 가공, 보존, 요리, 나누는 것과 관련된 방대한 지식을 지니고 있다. 그러나 '부양자'는 응당 남성이라고 생각되기 때문에, 여성의 가사 노동을 생물 다양성 보존과 기아 퇴치와 연관된 행동으로는 여기지 않는다.

지금까지 야생 식량을 채집하고 가공하고 음식으로 만드는 지식은 제대로 평가되거나 장려되지 않았다. 그럼에도 국제생물다양성연구소 Bioversity International 연구에 따르면, 전 세계에서 7천 종이 넘는 야생 식물이 식량으로 수확된다. 이렇게 방치되고 잘 쓰이지 않던 종들이 농촌 빈민의 식량 안보, 소득 창출, 음식 문화에 중요한 역할을 한다. 관심 부족으로 이 종들의 잠재적 가치는 과소 평가되거나 개발되지 못했다. 그렇게 이 종들은 계속 유전적 침식의 위험에 놓이게 되어 마침내 멸종될 것이다. 그러면 빈민을 위한 선택권 개발은 훨씬 줄어들게 된다(http://www.bioversityinternational.org).

이처럼 쓸모가 많은데도 과소 평가되던 식물들은 때로는 빈민 음식, 구황 식품, 잘 쓰지 않는 식물, 식용 야생 식물, 야생 식품 등으로 불린다. 뭐라고 부르든지 간에, 우리는 지역 공동체에서 이 식물들의 역할을 과소 평가해서는 안 된다. 식용 야생 식물의 중요성은 영양 상태를 개선할 수 있다는 데 있다. 그 대부분이 영양이 풍부하며 저투입 농업에 적합하다. 이 종들이 사라지면 가난한 농촌 사람들의 영양 상태와 식량 확보에 즉각적인 영향을 줄 것이다. 예를 들어, 쇠비름*postulaca oleracea* 즉 자바 원주민들이 크로콧krokot이라 부르는 식물의 잎은 다른 잎채소에 비해 오메가 3 지방산이 매우 풍부하다(SELF Nutrition Data, 2013).

오메가 3가 풍부한 음식물을 섭취하면 관상동맥 심장 질환과 뇌졸중의 위험이 줄어들며 유아의 자폐증, 주의력 결핍 및 과잉 행동 장애ADHD와 다른 발달 장애를 예방하는 데 도움을 준다는 연구 결과가 있다. 쇠비름은 비타민A의 훌륭한 공급원이기도 하며, 녹색잎 채소 중에서도 비타민A 함유량이 단연 높다. 비타민A는 효과가 높은 천연 노화 방지제로 알려졌으며 눈 건강에도 중요하다. 비타민A는 건강한 점막과 피부를 유지하는 데도 필요하다. 쇠비름은 비타민C와 리보플라빈, 니아신, 피리독신, 카로테노이드 같은 복합 비타민B뿐만 아니라 철분, 마그네슘, 칼슘, 칼륨, 망간 등 무기질도 풍부하다(Nutrition Facts in Food, 2013).

지난 2년간, 만타사는 가렝도워 마을에서 활동했다. 산림 보존 지역과 접한 산 위 마을인 가렝도워는 동東자바 주 좀방Jombang 지역에서 가장 가난한 곳이다. 숲으로 둘러싸여 있지만, 1992년 6월 20일 정부가 산림 보존을 선언한 후, 마을 주민들은 숲에 들어갈 수 없게 되었다. 소 먹일 풀은 그들이 사는 곳에서 한참 떨어진 다른 지역에서 찾아야만 했으며, 여성들의 자연과의 상호작용도 제한될 수밖에 없었다. 산림 보존 지역에서는 아무것도 채취해서는 안 되므로, 여성들은 뒷마당이라 여기던 숲에서 더는 야생 식물을 구할 수 없었다. 이로 인해 지난 10년간, 마을 주민들의 식생활 패턴이 변하게 되었다. 이제 주민들은 식량을 구하려면 시장에 가야 하며, 가족에게 먹일 음식을 사기 위해 가욋돈을 써야만 한다. 2009년도에 식생활 패턴 연구를 위해 18~35세 사이의 젊은 어머니들을 조사했는데, 우리는 그들이 일주일에 3~4일, 가족에게 인스턴트 식품을 제공한다는 것을 알게 되었다. 가족에게 먹일 음식을 어디서 구하는지 질문하면, 15%만이 들이나 숲에서 구한다고 답했다. 이렇게 대답한 이들 대부분은 높은 연령대(35~60세)의 여성이었고, 젊은 세대는 시장에서 음식을 구입하는 경향이 더 컸다. 야생에서 식량을 구하는 것은 낮은 경제 수준을 반영하는 것이기 때문에 창피하게 여긴다. 그들에게 음식을 제공하는 것은 누구인지 질문하면, 거의 전부 정부와 식품 회사라고 답했다.

이 조사는 그들이 토지를 빼앗긴 후, 다른 부분에 얼마나 심각하게 의존하게 되었는지를 보여 준다. 이 조사를 진행하면서 신세대와 구세대 간의 지식 차이가 엄청나다는 것도 알게 되었다. 신세대는 주변의 식용 야생 식물을 알아보지 못했으며 그것을 어떻게 다루는지도 몰랐다. 반면 구세대는 식용 야생 식물에 대해 많은 것을 알고 있었고 젊은이들에게 그 지식을 나눠 주고 싶어했지만, 신세대가 시장이나 가게에서 식품을 구입하는 것이 더 편리하다 느끼고 식용 야생 식물에 관한 전통 지식에 관심이 없기 때문에 먼저 나서기는 무척 힘들다고 했다.

가렝도워 마을의 사례 연구

가렝도워는 좀방 지역의 가장 가난한 마을 중 하나이다. 주민들은 매달 정부로부터 쌀과 현금을 보조받는다. 이 마을에서 아동과 여성의 영양 실조는 흔한 일이다. 그들은 충분한 음식이나 더 편하게 시장을 이용할 수 있는 적절한 사회 기반 시설을 제공하지 않는 정부를 비난하곤 한다. 이 마을은 풍부한 천연 자원과 뭐든 잘 자라는 비옥한 토지를 지녔다. 그들은 논농사를 짓지만 가격이 불안정해서 농사만으로는 살 수가 없다. 만타사가 이 마을 여성들과 일하기 시작했을 때, 마을 여성들은 매우 회의적이었다. 식용 야생 식물에 대한 생각을 물으면, 그들 대부분은 그것은 가난한 이들이나 먹는 음식이라서 가족들에게 내놓기 창피하다고 했다. 그들은 영양 섭취를 높이기 위해 비타민과 미네랄을 강화시킨 상품이 나오는 식품 광고를 텔레비전에서 많이 보다 보니, 신선한 음식이든 인스턴트 식품이든 시장에서 파는 음식이 더 영양가가 많다고 믿고 있었다. 우리는 2주에 한 번씩, 이 마을 여성들과 정기적인 모임을 가졌다. 이 모임은 포럼이 되었고, 여기서 그들은 먹거리에 대해 알고 싶었던 것을 배울 수 있었다. 예를 들면, 가족을 위해 균형 잡힌 식단을 짜는 방법, 몸에 필요한 기본 영양소, 아이들이 채소를 좋아하게 만드는 요령 등을 배웠다. 처음에는 대부분 모임에 참여하는 것조차 꺼렸지만, 매주 참가자들이 조금씩 늘어났다.

우리가 두 번째로 한 활동은 실험이었다. 우리는 마을 여성들이 다른 것도 시도해 보도록 하고 싶다. 실험이란 과학자만 하는 것이 아니고 우리 모두가 과학자라는 것을 그들에게 보여 주고 싶었다. 그래서 우리는 그들이 주변에서 쉽게 구할 수 있는 식용 야생 식물을 이용한 새로운 조리법을 개발하게 했다. 처음에 그들은 주저했다. 어떤 식물을 어떻게 먹는지, 어떻게 다루는지 전혀 모르는 젊은 어머니들은 특히 난감해 했다. 그 젊은 어머니들은 자기 어머니와 할머니에게 물어볼 수밖에 없었다. 이렇게 해서 마침내 지식의 전수가 이루어졌다. 우리는 연장자로부터 전수받은 모든 지식을 기록하게 했다, 기록만이 전통 지식이 사라지는 것을 막는 유일한 길이다. 젊은 어머니들은 식품 가공에 관한 정보만이 아니라 주변 야생 식물을 이용하는 약초학에 대해서도 많이 배울 수 있어서 참 좋았다고 한다. 그리고 전통 지식의 습득이 이렇게 재미있고 흥미로울 줄은 몰랐다며 마을 어르신들과의 관계도 이로 인해 더 끈끈해지고 훈훈해졌다고 말했다. 이와 동시에, 우리는 식용 야생 식물에 대한 정보를 그들에게 제공하기도 했다. 예를 들어, 비타민A와 C, 오메가 3가 풍부한 쇠비름, 두뇌 발달에 좋은 병풀*centella asiatica*, 시장에서 파는 채소보다 비타민, 미네랄이 더 풍부하고 영양가 높은 잎채소 등에 관해 알려 주었다. 이런 정보는 전에는 거들떠보지도 않았던 주변의 귀중한 식물들에 대해 다시 생각하게 만들었다. 그들은 쉽고도 저렴하게 가족의 건강을 지킬 수 있다는 것도 깨달았다. 이제 그들은 호기심이 생길 때마다 실험을 하고도 남을 정도이다. 그들은 식용 야생 식물을 요리할 수 있는지, 그리고 그것을 아이들에게 먹일 수 있는지, 과연 아이들이 좋아할지 궁금해 한다. 그래서 템푸융tempuyung으로 케이크를, 쇠비름으로 잼과 피클을, 다운 라쿤daun racun으로 자바의 전통 음료인 센돌cendol을 만들기 시작했다. 의외로 아이들은 야생 식물로 만든 음식들을 다 좋아했다. 이 경험으로 새로운 것을 시도해 보기만 하면, 그들에게는 실제로 잠재적인 영양 공급원이 많다는 확신을 갖게 되었다. 그리고 전국 미디어와 텔레비전으로 야생 음식 페스티벌이 방영된 뒤로, 식용 야생 식물에 대한 그들의 사고 방식은 만타사에 있는 우리도 깜짝 놀랄 만큼 많이 변했다. 이제 그들은 식용 야생 식물을 자랑스러워한다.

가렝도워 마을에서의 활동은 지방정부와 중앙정부의 인정을 받았다. 몇몇 여성은 다른 지역 여성들과 자신의 경험을 나누고 얘기할 수 있는 포럼 여기저기에 초대받았다. 슬로 푸드 인터내셔널Slow Food International은 지역 자원을 활용해 식량 자립을 일군 경험을 이야기해 달라며 그들을 스웨덴의 조크모크Jokkmokk로 초청했다. 이제 그들은 수라바야와 자카르타와 같은 대도시 건강 식품점에 식용 야생 식물로 만든 상품을 판매하는 소규모 사업을 준비하고 있다.

물론 사람들의 사고 방식을 변화시키기란 쉽지 않다. 우리가 주변의 식물로 양질의 음식을 만들 수 있다는 믿음을 그들에게 주는 데 1년이 걸렸다. 수년 간 정부가 규정한 빈민으로 지내다 보니 그들은 무력감에 빠져 있었다. 그러나 약간의 격려만으로도 그들 스스로 가치 있다고 느끼게 할 수 있음을 알게 되었다. 이 경험으로, 우리는 식량 주권이 식량 안보food security 그 이상의 것임을 깨달았다. 식량 안보는 충분하고도 안전한 음식을 마련하고 먹을 수 있는 것을 뜻하며, 식량 주권은 세계 시장의 이해 관계에 우선적으로 종속되지 않고, 로컬 푸드 시스템을 규정할 수 있는 지역 주민들의 소유권과 권리 모두를 말한다. 인도네시아 정부는 식량 안보에 대해서는 언급하지만, 다국적 기업이 여전히 좌지우지하는 식량 주권에 대해서는 말하지 않는다. 정부의 식량 정책은 소농과 여성 농민을 보호하지 않기 때문에 그들의 역할은 점차 축소되고 있다. 예를 들어, 1996년에 제정된 식품법Act of Food 7에서 정부는 식품

수입의 영향으로부터 지역 농민을 보호하는 것에 대해 명확하게 언급하지 않았다.

결론

가렝도워 마을의 사례는 여성들이 자기 공동체에서 식량 주권을 이룩한 운동으로 보아야 한다. 땅과 물처럼, 식물도 필수적인 생산 자원이다. 이론상 식물은 재생 가능한 자원이지만, 식물 개체군의 밀도를 유지시키는 특정한 생태적 조건과 생태계, 생물종의 다양성을 보호하고 관리하는 사회 통제 시스템이 부재하다면 멸종될 것이다. 식물이 멸종되면, 그 식물과 연관된 음식 문화도 사라지는 것이며, 더 넓게는 공동체의 음식 문화도 사라지는 것이다. 하워드(Howard, 2003)는 대규모 연구를 통해 음식은 영양 성분뿐만 아니라 그 음식의 정서적 · 제의적 · 영적 · 치유적 특성 때문에도 소중하다는 것을 보여 주었다. 거의 모든 문화에서, 음식은 수많은 전통 사회의 기본 조직 원칙인 교환과 접대의 필수 요소이기도 하다. 우리는 식량이 인간의 기본 인권이란 것을 잊지 말아야 한다. 식량은 주민들이 스스로 통제해야 한다. 에티오피아의 사례를 살펴보자(Cochrane, 2011).

> 에티오피아 경제 발전 모델은 미시적 수준의 공동체와 주민들을, 특히 외딴 지역 주민들을 희생시켜 가며, 수출 중심의 거시경제 발전을 추구한다. 에티오피아 공무원들은 현재 그 땅에 살거나 땅을 일구는 이들은 전혀 상관하지 않고, '비어 있는', '사용하지 않는'이란 단어를 '경작되지 않은'과 교대로 쓰는 듯하다. 그 결과 빈곤과 식량 불안정뿐만 아니라 정치적 불안도 증가했다. 세계은행은 이런 토지 임대 투자에 따른 위험은 너무 크다고 결론내렸다.

이 사례에서, 에티오피아 정부는 국제 투자와 토지 임대 거래를 경제 발전의 수단으로 보았다. 마다가스카르 정부가 농지 130만 헥타르를 한국 기업 대우에 팔았을 때, 국제 사회와 지역 주민들의 반대가 거셌고, 결국 그 정권은 무너졌다(Perrine et al., 2011). 정부가 토지를 기업에 팔았다는 점은 다르지만 이 사례는 가렝도워 마을에서 벌어지는 일과 크게 다르지 않다. 인도네시아 곳곳에서 정부가 토지를 임대하고 이 때문에 지역 공동체가 고통을 겪는 사례를 많이 접할 수 있다. 그 가운데서도 가장 힘든 이들은 아동과 여성이다.

만타사는 앞으로도 인도네시아 다른 지역에서 활동을 계속할 것이다. 식용 야생 식물은 환경에 따라 다양하다. 이곳에서 야생으로 여겨지던 것이 다른 곳에서는 일상 음식으로 여겨지기도 하고 그 반대의 경우도 허다하다. 다른 문화에서 활동하는 것은 언제나 우리에게 도전이다. 인도네시아의 식량 문제를 해결하기 위해서는 한 장의 청사진을 모든 지역에 적용할 수 없다는 것을 알게 되었다. 그들의 문화, 그들의 지리, 그들의 사고 방식을 고려해야만 한다. 우리는 인도네시아의 곳곳에서 로컬푸드 시스템에 관한 연구를 수행할 것이며, 그것을 이 나라 기아 문제 해결을 위한 전략 개발에 이용할 것이다. 야생 식물이 기아 문제 해결을 위해 꼭 필요하다고 생각하기 때문에 인도네시아의 식용 야생 식물도 꾸준히 기록할 것이다. 우리가 아는 한, 우리 사회의 기아 문제를 해결하는데 여성들이 중요한 역할을 한다는 것을 보여 주는 워크숍은 아직까지 인도네시아에서 열린 적이 없다. 그러므로 우리는 여성, 자연, 식량 주권에 대해 말하는 워크숍과 훈련 프로그램도 조직할 것이다.

참고 문헌

"Bioversity International," available from http://www.bioversityinternational.org/research/sustainable_agriculture/neglected_underutilized_species.html, accessed on 5 June 2013.

Central Bureau of Statistics (2011), *Nepal Government Census Report*.

Cochrane, L. (2011), "Food Security or Food Sovereignty: The Case of Land Grabs," *Journal of Humanitarian Assistance*, available from http://sites. tufts.edu/jha/archives/1241, accessed on 5 June 2013.

Daniggelis, E. (2003), "Women and 'Wild' Foods: Nutrition and Household Security among Rai and Sherpa Forager-Farmers in Eastern Nepal," in P. L. Howard (ed.), *Women and Plants: Gender Relations in Biodiversity Management and Conservation*, London: Zed Books.

FAO (2011), *The State of Food and Agriculture. Women in Agriculture: Closing the Gender Gap for Development*, Rome: Food and Agriculture Organization.

Howard, P. L. (ed.) (2003), *Women and Plants: Gender Relations in Biodiversity Management and Conservation*, London: Zed Books.

IFRC (2006), *How to Conduct a Food Security Assessment: A Step-by-Step Guide for National Societies in Africa*, Geneva: International Federation of Red Cross and Red Crescent Societies.

Jaenicke, H. & I. Hoschle-Zeledon (eds.) (2006), *Strategic Framework for Underutilized Plant Species Research and Development, with Special Reference to Asia and the Pacific, and to Sub-Saharan Africa*, International Centre for Underutilized Crops, Colombo, Sri Lanka and Global Facilitation Unit for Underutilized Species, Rome, Italy.

La Via Campesina (2002), "Declaration NGO Forum FAO Summit Rome+5," available from http://viacampesina.org/en/index.php/main-issues-mainmenu-27/food-sovereignty-and-trade-mainmenu-38/398-declaration-ngo-forum-fao-summit-rome5,accessedon 11 June 2013.

Nepal Red Cross Society (2010–2015), *Disaster Management Strategic Framework*.

"Nutrition Facts in the Food," available from http://www.nutrition-and-you.com/purslane.html, accessed on 3 June 2013.

Perrine, B., M. Gingembre, A. R. Rivo, & R. Raphael (2011), "From International Land Deals to Local Informal Agreements: Regulations of and Local Reactions to Agricultural Investments in Madagascar," paper presented at the "International Conference on Global Land Grabbing 6–8 April, Future Agricultures Consortium at the Institute of Development Studies, University of Sussex, Brighton.

Pieroni, A. (2003), "Wild Food Plants and Arbëresh Women in Lucania, Southern Italy," in P. L. Howard (ed.), *Women and Plants: Gender Relations in Biodiversity Management and Conservation*, London: Zed Books.

Pimbert, M. (2009), "Women and Food Sovereignty," *LEISA Magazine*, 25(3), September.

SELF Nutrition Data, http://nutritiondata.self.com/facts/vegetables-and-vegetable-products/2604/2, accessed 3 June 2013.

WFP (World Food Program) (2008), available from http://english.people. com.cn/90001/90777/90856/6489794.html, accessed on 5 June 2013.

12 애그로 페미니즘: 인도 달리트 여성들의 희망

베다나야기 푸슈파라지

개요

이 연구는 경제 활동 인구가 주로 농업과 가축 산업에 종사하는 인도 남부 타밀나두 주 벨로르Vellore 군을 대상으로 한 것이다. 그 지역 인구 340만 명 중 210만 명이 농업에 종사하고 나머지는 가축과 그 관련 산업에 종사하고 있다. 농업과 가축 공업 모두 물을 쓰지만 가축 공업이 더 많은 양의 물을 사용하고 있으며 농업용수를 오염시키고 있다. 더 나아가, 경제 특구SEZ의 토지 전용轉用, 녹색 혁명의 실패, 농업의 산업화로 농업은 쇠퇴했고, 여성들이 일할 기회도 줄어들었다. 이와 같은 여건 속에서, 농촌 여성들은 건강 악화, 성적 학대, 식량 부족, 저임금에 시달리고 있다. 이 글에서 다루는 센드랄 운동Thendral Movement은 여성에게 힘을 주고 애그로 페미니즘agro-feminism의 낙관적 이데올로기를 전파하는 민중 중심의 운동이다. 애그로 페미니즘은 식량 생산의 중요성, 식량 생산에서 여성이 하는 역할의 중요성을 주장한다. 농촌 환경은 봉건적이고 가부장적이다. 애그로 페미니즘은 농촌 공동체에서 남성 지배를 드러내고, 천연 자원을 보존할 수 있는 페미니즘적 농업 방식을 통해 여성을 해방시키고자 한다. 애그로 페미니즘이 확산되면 이주, 국내 난민, 임금 불평등, 생활난, 빈곤, 착취, 자살 시도와 여성에 대한 폭력 문제들에 대응하게 되고, 여성들이 합법적으로 자신들의 생계를 확보하기 위해 토지 소유권을 주장하게 될 것이다.

서론

인도 남부의 타밀나두 벨로르 군 지역은 외화 벌이를 위해 국제 시장용 환금 작물 재배에 집중했다. 시장 중심의 농업에는 가속도가 붙었다. 녹색 혁명의 영향 아래, 다국적 기업들은 국가 보조금을 받으면서 종자, 비료, 살충제와 농기계를 판매할 수 있었다. 1980년대 초부터 인도에서는 유지 작물oil seeds 재배 기술이 보급되었으며, 농민들에게 식용 작물 대신에 유지 작물을 재배할 것을 권장했다. 관개 시설이 되어 있는 땅의 유지 작물 점유율은 8.3%에서 10.1%로 증가했다. 관개 시설이 없는 땅의 점유율은 13.1%에서 17.6%로 늘어났다. 유지 작물 재배 기술 보급은 농촌 가정의 먹거리에도 영향을 주었다(Chand et al., 2012). 세계화와 더불어, 계약 재배를 통해 세계 시장에 내다 팔 설탕, 감자, 고기, 새우, 바이오디젤 작물, 꽃, 채소, 과일 등을 생산하기 위해 엄청난 규모의 농지가 전용되었다.

계약 재배, 고부가가치 농업은 세계화의 기본 요소로, 세계화는 개발도상국에서 선진국에 이르기까지 고부가가치 식품 원자재를 생산케 한다. 1990년대에 임대 경작은 눈에 띄게 증가했으며 채소와 과일 생산이 논농사를 대신했다. 환금 작물 중 하나인 목화 재배는 심각한 위기를 맞았다. 안드라 프라데시Andhra Pradesh, 마하라시트라Maharashtra, 카르나타카Karnataka, 그리고 하리아나Haryana와 펀잡Punjab 등 농업이 발달한 주들은 식용 작물을 버리고 BT 목화(다국적 기업 몬산토가 유전자 조작을 한 목화: 옮긴이)를 재배하면서 위기에 직면했다. 이윤을 내기까지 재배 비용이 너무 많이 들어서 대금업자에게서 대출받은 농민들이 자살을 하는 일까지 벌어졌다(Narayanmoorthy, 2006). 이러한 환금 작물은 여성의 노동력을 약화시켰다.

농업에서 여성의 생산성과 각 가정의 식량 안보food security를 염두에 두면서, 나는 식량을 생산하는 농촌 여성들에게 힘을 줄 수 있는 방안을 모색했다. 2011년 나는 농촌 여성들에게 희망을 주고자 애그로 페미니즘agro-feminism, 즉 농촌 페미니즘을 개발했다. 이를 통해 여성들은 자원을 통제하고, 예로부터 전해 내려오는 지혜를 연구하고 발전시키는 데 정부 기금을 사용할 수 있게 될 것이다. 공정한 임금, 여성들의 성적 권리 존중, 달리트(불가촉천민) 여성들의 생활 조건 개선, 그리고 억압적인 가부장제와 카스트 관행의 거부는 애그로 페미니즘을 통해 실현될 수 있을 것이다.

인도 남부의 타밀나두 주州 벨로르 군郡은 북위 12.15°와 13.15° 사이, 동경 78.20°와 79.50° 사이에 위치한다. 총 면적은 6,077km²이다. 벨로르의 총 인구는 340만 명으로, 210만 명은 농촌 지역에 살며 농사나 그 관련 활동으로 생계를 유지하고 있다(Government of Tamil Nadu, 2008). 벨로르에는 725개의 대규모 공장, 13,708개의 소규모 공장, 5,932개의 가내공업 업체가 있다. 벨로르에서 가장 큰 산업 중의 하나는 가죽과 가죽 제품 생산이다. 농촌 지역에서 농사는 대부분 몬순 강우량에 의존한다. 우물과 같은 수원을 개별적으로 소유한 중간 규모나 대규모 농민들은 지속적으로 경작한다. 공업지구는 많은 물을 소비하며, 농업용수 · 생활용수를 오염시키기까지 한다.

토지와 물과 같은 천연 자원뿐만 아니라 노동력의 분배를 놓고, 공업지역 마을과 농사를 기반으로 하는 농촌 지역 간에는 갈등이 있다. 무두질 공장들은 많은 양의 물을 사용하고 토지와 물을 오염시킨다. 산업 자본은 저임금 노동력 충당을 위해 사람들이 농촌을 떠나야만 하도록 만든다. 외국 자본의 이익을 위해 정부는 경제 특구를 건설하려 대규모 농토를 몰수했다.

나는 인도 남부의 타밀나두 주 벨로르 군 라니펫Ranipet에서 센드랄 운동을 시작했다. 센드랄은 타밀어로 '산들바람'이라는 뜻으로 유기체적 관점의 자연 개발과 연결된 대안적 삶The Holistic Eagerly Nature Development Related Alternative Life의 앞글자를 딴 것이기도 하다. 센드랄 운동은 이 같은 이념을 기초로 인류에게 기여하는 것을 그 목표로 한다. 세계화가 박차를 가하는 급변하는 세상 속에서, 인간은 균형 잡힌 사회 생활에서 점점 소외되어 가는 반면, 기술은 빠르게 성장하고 있다. 이런 맥락에서, 센드랄 운동이 추구하는 바는 새로운 타당성을 얻게 되었다. 즉, 사람들이 일상에서 겪게 되는 문제들과 직면하게끔 준비시켜서 사회의 불균형을 치유하는 데 일조하는 것이다. 따라서 우리는 카스트, 종교, 성별, 사회적 지위에 상관없이 공동체에서 가난하고 어려우며 사회적인 혜택을 받지 못한 이들의 복지와 발전, 그리고 역량 강화를 위해 공동체 중심, 행동 중심, 민중 중심의 프로그램과 활동을 펼친다.

이런 큰 그림 아래, 애그로 페미니즘이라는 희망적인 이데올로기를 농촌 사회에 전파하기 위해 센드랄 운동은 농사짓는 일을 그만두고 다른 직종으로 전환한 여성들의 직장 내 폭력 · 가정 폭력, 소규모 토지를 소유한 여성들과 여성 농민들을 위한 소액 대출과 자조 집단 형성, 리더십과 의식화 캠프 · 능력 배양 · 기술 교육을 통한 여성들의 역량 강화와 같은 문제들을 다룬다. 우리는 도시와 농촌의 여성들과 어린 소녀들을 위한 법률 서비스, 임시 보호소도 제공하며, 가족 분열을 막고 화해할 수 있도록 가족 관계를 강화시키는 상담 서비스도 포함한다. 센드랄 운동은 지난 3년 동안, 120 가구에 상담 서비스를 제공했는데 이 가정 중 상당수가 가정 폭력 문제를 안고 있었다. 애그로 페미니즘은 농촌의 식량 생산자들과 농업에 관심을 갖고 천연 자원 보호, 여성의 자급경제 지키기 등을 중시한다는 점에서 다른 페미니즘과 구별된다.

여성 문제

이 지역 여성들이 당면한 문제들은 매우 복합적이다. 1960년대에 타밀나두 주에서 농업 생산액이 총생산의 43.38%를 차지했는데 2000년대에는 17%로 줄어들었다. 1960년대에는 1,732만 헥타르의 토지가 농업에 이용된 반면, 2000년대에는 652만 헥타르로 급격히 감소했다. 경작 가능한 토지의 45%에서 환금 작물이 재배된다. 1960년대 타밀나두에서 전체 인구의 42%에 달하던 농민은 2000년대에는 25%로 급격히 줄었다. 막칼 무작캄Makkal Muzhakkam 보고서에 따르면, 인도에서 부채 농가의 수가 두 번째로 많은 주가 타밀나두라 한다.

이 같은 상황에서, 정부는 사람들에게서 땅을 빼앗아 민간 기업에 주었다. 1998년 연방정부가 부흥 정책의 2차 초안에서 토지취득법Land Acquisition Bill을 준비할 때, "새로운 경제 정책New Economic Policy과 함께, 국내에서 생성된 자금과 확대 유입된 외국 투자로 대규모 투자가 생길 것이며, 그로 인해 갈수록 경쟁적인 시장에 단기간 내에 공급할 수 있는 토지 수요 증가가 경제 구조를 지배할 것"이라고 말했다(Fernandes, 1999: 3). 그러는 한편, 1980년 (타밀나두의 개정된) 토지취득법Tamilnadu Amendment Act 7조를 "공공의 목적이나 회사를 위해 땅이 필요하다 신고하면 언제든지 해당 관청이나 토지행정부 장관이 위임한 관계 부처나 공무원은 지방행정관에게 토지 인수를 명할 수 있다"로 개정했다(Ramasamy et al., 2007). '아암 아아드미 아드히칼 안돌란Aam Aadmi Adhikar Andolan'은 공익이란 미명 하에 경제 특구 건설을 위해 농지를 강제로 수용하는 데 저항하는 인도 북부의 대중 운동이다. 하리아나Haryana에서, 릴라이언스 산업Reliance Industries Limited은 인도에서 가장 큰 산업 시설 건설 계획에 서명했다. 델리와 인접한 하리아나 주州 하리아나에 80억 달러(약 8조 5288억 원: 옮긴이)의 경제 특구가 12,500헥타르의 땅에 들어서는 것이다. 이곳에는 화물 운송 비행장, 발전소, 주택 단지, 쇼핑 몰, 상가와 종합 경기장도 건설될 예정이다. 산업 활동을 위해 이 비옥한 땅을 내어 준다면 하리아나의 농업과 농민들은 망하고 말 것이다. 이에 더해 식량 안보도 위협받게 될 것이다(Sharma, 2007).

토지 수용으로 식량 생산자들이 고향에서 쫓겨나게 되었다. 주로 소규모 생산자, 소농, 소작인인 여성 농민들[1]이 고향에서 쫓겨났다. 그와 같은 강제 토지 수용은 땅 없는 농민들과 시골 장인匠人들을 몰아냈다. 포스코, 코카 콜라, 현대, 노키아, 삼성, 모토롤라 같은 외국 기업과 가축 산업, 신발 공장, 시루말라이 화학 회사Thirumalai Chemicals Ltd., 코로만델 그룹Coromandel, BHEL, 베단사Vedantha, 릴라이언스Reliance, 타타Tata와 같은 인도 회사들이 경제 특구 건설을 위해 농민과 지역 주민들을 내쫓고 대규모 토지를 차지했다.

세계화된 농업의 산업화와 수출 중심의 농업 생산으로 인해 경제 작물의 재배가 증가했다. 이는 계약 재배를 촉진시켰다. 힘없는 여성 농민들이 생계를 마련할 길은 더욱 막막해졌다. 계약 재배는 생산자/공급자와 구매자가 선물先物 계약하는, 농산물이나 원예 상품의 생산과 공급 시스템을 말한다. 그와 같은 합의의 핵심은 보통 대기업인, 이미 알고 있는 약속된 구매자가 요구하는 특정 시기에 맞춰 요구하는 가격, 수량대로 농산물을 제공하겠다는 생산자의 약속이다. 그 계약에 따르면, 농민은

---

1 여성 농민은 거의 대부분 소작농이다. 여성이 땅을 소유하고 있다면, 결혼할 때 친정아버지에게서 받은 것으로 보면 된다. 더러 남편의 땅을 소유한 여성 농민들도 있다. 남편이 사망하고 힌두교도 가족의 재산이 땅을 소유할 수 있는 법적 상속인들에게 분배될 때 여성이 상속받게 되는 경우가 있다. 어떤 여성들은 생계를 위해 토지를 임대해서 농사를 짓기도 한다.

자신의 땅에다 계약자가 원하는 작물을 심고, 예상 수확량과 계약한 토지 면적을 토대로 계산한 만큼 농작물을 수확하고 운송해야 한다. 이렇게 미리 가격을 합의할 수 있지만 늘 그런 것은 아니다. 이 같은 계약에서 계약자는 경작에 필요한 모든 재료와 기술적 조언을 제공하는 반면, 농민은 땅과 노동력을 제공하면 된다. 이 계약을 통해 기업들은 산업화된 북부에서 소비할 농산물을 '선진' 기술과 기계화를 이용해 생산하는 것이다. 한마디로, 식량을 생산하는 여성들과 카스트 제도에서 최하 계급에 속하는 달리트(불가촉천민) 농민들이 고통에 빠지게 되었다. 토지 상실, 부채, 저임금, 공유지의 감소, 열악한 생활 여건, 교육 · 의료 · 정보의 부족으로 여성들의 고용 기회도 줄었다. 그로 인해 이주, 가족 분열, 굶주림, 영양실조, 아사餓死와 자살이 이어졌다.

남성들이 경제 작물로 전환할 때에도, 여성들은 주로 식용 작물을 재배했다. 동남아시아와 남아시아의 몇몇 나라에서, 여성들이 환금 작물(예를 들면, 파키스탄에서는 목화, 필리핀과 태국에서는 땅콩, 아프가니스탄에서는 양귀비)을 기르기도 하지만 농사일의 성별 구분은 뚜렷하다. 특히 동남아시아에서 여성들은 논농사 노동력의 90%를 담당하고 있다. 캄보디아와 베트남에서, 여성 농민들은 남성 노동력이 없을 때는 논 갈기와 물 대기 같은 남자 일도 한다. 중국에서 작물과 일의 성별 구분은 농업과 생태학적 특성, 생산 체계와 작물 유형에 따라 다르다. 남성 인구의 유출이 많은 곳에서는 여성이 환금 작물과 식용 작물을 모두 재배하며, 기계 사용을 포함한 대부분의 농사일을 한다. 작물 선택, 비료 사용, 판매와 관련된 의사결정에서 여성들의 입지는 커졌지만 마을 차원의 공공 업무에서는 남성들의 영향력이 여전하다.

남성들은 환금 작물 재배에서 더 많은 기회를 갖는다. 여성들은 식용 작물 재배에 더 많이 고용되지만, 임금은 조금밖에 못 받는다. 남성 농민들은 농기구를 가져와 일하면 일당 185루피(약 3,000원: 옮긴이)를 받고, 없이 일하면 일당 100루피(약 1,700원: 옮긴이)를 받는다. 반면 여성 농민들은 안타깝게도 아무리 열심히 일해도 일당 80~100루피(약 1,400~1,700원: 옮긴이)밖에 못 받는다. 농사일로는 생계를 마련할 수 없기에, 사람들은 이주를 결심한다. 실제로 농촌 지역을 벗어나는 것이 점차 중요한 생계 전략이 되고 있다. 장기나 단기로 인도의 다른 지역이나 다른 나라로 떠나기도 한다. 이주는 경제적 기회의 부족, 땅 부족, 시골의 열악한 사회 기반 시설, 다른 곳에 더 나은 취업 가능성이 있으리라는 기대, 편리해진 교통 때문에 결심하게 된다. 이주자들에게는 관심이 쏟아지는 반면, 정작 뒤에 남은 이들, 그 대부분이 여성과 아이인 이들은 도외시되고 있다.

여기 벨로르 여성들도 고향을 떠나 도시로 간다. 도시에 있는 공장들은 이들을 저임금으로 고용한다. 벨로르 군에서, 특히 라니펫과 그 부근으로 여성들이 몰려드는 이유는 다국적 기업의 해외 직접 투자를 유치하는 정책을 펴는 정부의 경제 특구 건설로 인한 산업화를 들 수 있다. 이주자로서, 그들은 도시 가죽 공장의 열악한 환경에서 일해야 한다. 성적 학대에 시달리기도 하는데, 이것은 가정 불화를 야기하고 또 다른 가정 폭력을 초래하기도 한다.

애그로 페미니즘

페미니즘은 진화를 거듭하면서, 여성들의 모든 문제를 포괄하려 한다. 그 과정에서 여성들의 서로 다른 입장과 경험에 따른 주요 쟁점들이 대거 등장하면서, 페미니즘은 수많은 가지를 쳤다. 예를 들자면, 흑인 페미니즘, 달리트 페미니즘, 급진적 페미니즘, 마르크스주의 페미니즘, 에코페미니즘이 있으며, 이제 애그로 페미니즘도 있다. 이 모든 페미니즘은 여성들의 삶에 존재하는 문제를 다루기 위해 가지를 친 것으로, 앞에서 언급한 다양한 페미니즘은 각각의 문제들을 강조한다. 이런 맥락에서, 애그로 페미니즘은 여성 농민과 땅 없는 여성 농업 노동자에 초점을 맞추고자 하며, 이들의 문제를 인도기획위원회Planning Commission of India와 많은 활동가의 담론에서 고려하게 할 것이다. 나는 에코 페미니즘(Mies & Shiva, 1993 참조)에서 다루는 아이디어를 거부하거나 모방하지 않는다. 그보다는 투쟁을 강화하고, 지렁이 눈높이에 맞게 몸을 낮추고, 농업에서의 여성 문제를 소리칠 것이다.

애그로 페미니즘은 토지 소유에서 소외된 이들의 평등을 향한 내적 투쟁으로 규정할 수 있다. 그것은 탐욕스러운 남성들의 손에서 천연 자원을 보호하기 위한, 내면으로부터의 자유를 향한 투쟁이다. 이는 우리의 개입을 뒷받침하는 이데올로기적 명제이다. 애그로 페미니즘은 여성 문제를 식량 생산의 맥락에서 다루는 접근이기도 하다.

애그로 페미니즘은 국가 발전을 오로지 경제 성장으로만 계산하는 지배적인 발전 담론에 이의를 제기한다. 그보다는 대중을 위한 식량 안보를 확보하는 데에 국가 발전이 달렸다고 본다.

애그로 페미니즘은 여성들이 자원에 대해, 바꿔 말하면, 경제 생산에 대해 통제할 수 있게 되는 것을 목표로 한다. 애그로 페미니즘은 여성들이 토지, 물, 숲, 생물 다양성에 대한 통제권을 얻을 것을 요구한다. 이 같은 천연 자원에 여성들이 접근할 수 있게 되면 가정을 위한 생계도 마련할 수 있기 때문이다.

카스트 제도의 최하 계급인 달리트는 토지 소유권이 없기 때문에 그와 같은 자급경제가 달리트 가족의 식량 안보를 지킬 수 있다. 여성들은 텃밭을 가꾸면서도 공유지를 돌아다니며 가정에 필요한 음식, 연료, 가축 사료, 옷가지를 모은다. 그들은 닭과 소를 기르며 우유와 유제품을 만들고, 채소 · 과일 · 견과류를 채집하고, 땔감을 주워 오고, 소꼴을 베어 온다. 강이나 바다에서 고기를 잡고, 집을 보수할 목재를 모은다. 또 물물교환을 하거나 지역 시장에 물건을 내다 팔기도 한다. 이렇게 해서 힘든 시기에 식량 안보를 확보할 자금을 마련한다.

애그로 페미니즘은 녹색 혁명과 유전자 혁명에 대해 비판적이다. 생명공학과 농기계 도입은 여성들의 농업 참여를 축소시킨다. 그렇게 되면 식물 재생산의 생명력도 감소시킨다. 이미 많은 사람이 예측한 대로 환경 악화, 소득 불안정성의 증가, 불공평한 부富의 분배, 악화된 절대 빈곤 등 녹색 혁명의 부정적인 결과들이 나타났다. 소농들은 농산물 가격 하락, 생산비 상승, 지대 상승, 토지 임대 상실의 위험, 불필요한 기계화에 직면했다. 소농이 대농보다 기술 도입에 뒤처진다는 사실도 녹색 혁명의 부정적 결과에 포함된다. 그렇지만 소농도 결국 신기술을 받아들이게 되며, 생산량 증가, 고용 기회 확대, 임금 상승의 혜택을 얻게 될 수도 있다. 소규모 토지 소유자도 자신의 땅을 지킬 수 있으며, 경우에 따라서 소농과 농업 노동자들이 대규모 농장에 비해 실질적인 소득을 더 많이 가지기도 한다.

그러기 위해서는 다음과 같은 조건들이 충족되어야 한다. 작물과 가축의 유전 형질 개량, 토지 비옥도를 높이기 위한 무기질과 유기질 비료의 사용 증가, 그리고 과거의 화학적 농약보다 환경에 덜 유해한 방식으로 수확량의 감소를 막는 통합적인 해충 관리를 포함한 개량된 농법, 물을 최대로 활용하기 위한 관개 수로의 개선, 염류화와 침수의 위험을 줄이고 농번기에 노동력을 절약할 수 있는 적절한 기계화가 요구된다(http://www.umanitoba.ca/afs/agric_economics/course/ 061.210/notes/ Lecture13).

한편, 애그로 페미니즘은 대대로 전해지는 지혜를 연구하고 개발하기 위해 더 많은 정부 지원금을 할당하라고 주장한다. 여성들의 소득은 이미 언급했다시피, 기회뿐만 아니라 규모에 따라서도 달라진다. 애그로 페미니즘은 최저임금법의 시행과 동일 노동 동일 임금을 요구한다. 최저임금법Minimum Wages Act은 숙련, 비숙련 노동자에게 지급해야 하는 최저 임금을 법으로 정하기 위해 인도 의회가 1948년도에 세징한 법이다. 인도 헌법은 '최저 생활 임금living wage'을 건강, 품위, 편의 시설, 교육을 포함한 기본 생활을 유지하고 만일의 사태도 대비할 수 있는 노동자의 임금으로 규정했다. 그러나 헌법이 '적정 임금fair wage'으로 규정한 금액을 과연 산업체가 지불할 능력이 되는지 생각해 보아야 한다. 적정 임금이란 고용을 유지시킬 뿐만 아니라 고용을 확대할 수 있는 수준의 임금을 말하며, 여기서 산업체의 지불 능력을 따져보아야 한다. 1948년 11월 1차 법 개정 기간 동안, 중앙자문위원회Central Advisory Council는 적정 임금을 정할 노사정위원회Tripartite Committee of Fair Wage를 만들었는데 이 위원회가 최저 임금이란 개념을 내놓았다. 최저 임금이란 교육, 의료, 일정 수준의 편의 시설 이용 등을 포함하는 기본 생활을 보장할 수 있는 수준의 임금이다. 인도는 1948년 최저임금법을 도입했으며, 최저 임금을 정할 권한을 중앙정부와 지방정부에 주었다. 이것은 법적 구속력이 없지만 법에 명시된 것이다. 최저 임금보다 낮은 임금을 주는 것은 강제 노동과 매한가지이다.

지식의 확대, 기술 훈련, 신용 대출은 중요하다. 여성의 토지 소유권도 매우 중요한 문제이다. 소수의 여성 가장만이 토지 문서에 자신의 이름을 올려놓았다. 여성들은 소유권을 쟁취하기 위해 싸워야 한다. 이를 실천하려면, 여성들의 조직화가 필요하다.

애그로 페미니즘은 여성의 섹슈얼리티와 관련된 문제들도 다룬다. 여성들은 원치 않을 때에도 성관계를 하게끔 강요받는다. 여성이 성적 파트너를 선택했다 할지라도, 많은 경우 임신 중일 때조차 성관계를 거부하기 어렵다. 또한 남아를 선호하기 때문에 여아는 낙태하게 만든다. 여성들은 가정에서도 작업장에서도 폭력과 마주하고 있는 것이다.

달리트 여성들의 상황은 더욱 열악하다. 그들은 수많은 억압을 당하며 지주나 상위 카스트의 만행에 시달린다. 폭력은 그들을 육체적으로, 정신적으로 망가뜨리며 대부분 희망을 잃고 스스로 목숨을 끊기도 한다. 섹슈얼리티 또한 여성들의 권리이자 선택이며 가부장적 사회의 가치에 의해 결정될 수 없는 것이다.

애그로 페미니즘은 공동체 예술을 통해 모든 억압적인 문화적 가치를 거부한다. 전통 예술은 여성 해방을 위한 대항문화 요소를 끌어내는데 도움을 줄 수 있다. 이것은 가부장제와 카스트에 대한 강한 저항의 표현이기도 하다. 일상 생활에서 가족은 여성을 억압하는 가부장적 제도이며, 여성들로 하여금 인도 문화의 카스트 이데올로기를 받아들이게 만든다.

센드랄 운동은 달리트 여성뿐만 아니라 사회 전체를 위한 이념을 개발하고 장려한다. 이것은 우리 사회의 모든 여성, 특히 가장 큰 고통을 겪고 있는 달리트 여성들을 위한 것이다. 달리트 여성들은 토지도 없고 권리도 없다. 한 걸음으로 천릿길 여행이 시작되듯이, 수세기 동안 토지 소유권이 박탈되었던 달리트 여성들과 함께 애그로 페미니즘이 시작되었다. 달리트 여성들은 인도 사회의 가장 밑바닥에 있으며 사회 정의가 가장 필요한 집단이다. 그렇기 때문에 애그로 페미니즘은 그들을 위한 희망이 될 수 있는 것이다.

페미니즘은 흔히 여성의 권리와 해방을 논한다. 마찬가지로 애그로 페미니즘은 농업과 농사에 직접 관련된 여성들의 문제에 초점을 맞추고 그 문제를 강조하고자 한다. 특히 아시아 국가들은 농업에 의존하며, 대부분의 여성이 농사일을 하지만 정작 토지 소유권으로부터는 소외되었다.

가정 폭력이나 가정 문제가 있어도, 여성들은 안전한 곳이나 재산이 없기 때문에 쉽게 집을 벗어나지 못한다.

일반적으로 인도에서 여성이 버림을 받거나 별거를 하면, 아이들은 엄마와 함께 살아야 한다고 여기므로, 여성은 아이들을 돌보는 부담까지 짊어져야 한다. 버림받을 때조차도 여성은 정서상 아이들을 돌봐야만 한다. 남성은 여성이 감당해야만 하는 힘겨운 상황들을 신경조차 쓰지 않는다. 여성은 가정 내 난민이 되어 간다. 그러나 정부는 버림받은 여성들의 문제를 다루려 하지 않는다.

이렇게 힘든 상황에서, 만일 여성이 토지를 소유한다면, 그들은 자기 삶에 대해 스스로 결정할 수 있게 될 것이고, 희망 · 안전 · 조화를 가질 수 있을 것이다. 여성들은 꾸준히 공동체를 돌봄으로써 환경을 보살피고 식량 안보를 확보할 수 있을 것이다. "자질을 갖춘 남성은 평등을 두려워하지 않는다Men of quality are not afraid of equality"라고 남아시아 페미니스트 네트워크의 산가트Sangat는 말했다. 우리 사회의 다른 여성들의 지위 향상을 추구하는 것은 모든 여성의 권리이자 의무가 되었으며, 아시아 여성을 위한 정책 개정을 요구하는 포럼을 열기 위해서는 애그로 페미니즘을 받아들이고 지지하고 장려해야 한다.

결론

로빈 모건Robin Morgan은 우리 "여성들은 선천적으로 수동적인 것이 아니고 선천적으로 평화를 사랑하는 것도 아니다. 우리는 선천적인 어떤 것이 아니라 인간이다"라고 말했다. 세계 발전을 위해 여성들이 아무리 힘들게 일했어도, 그 모든 노고에도 불구하고, 어느 누구도 칭찬을 받지 못했다. 여성들이 사회와 가족에게 했던 대가 없는 기여는 헤아릴 수도 없으며 이해할 수도 없는 것이 되었다. 이런 이유로 존경과 존엄은 여성들에게 주어지지 않는다. 헌법은 재산권을 포함한 여성의 기본권을 명시하지만 사실상 그것은 신기루일 뿐이다. 수많은 여성 운동이 고통받는 여성들의 삶에 변화를 가져왔다. 그러나 여성들의 요구는 나날이 늘어나고 있다. 애그로 페미니즘이 확산되면 여성들은 합법적으로 생계를 확보할 수 있는 토지 소유권을 주장하게 될 것이다.

센드랄은 여성 해방을 위한 여행에 동참해서 조심스레 올바른 방향으로 나아가고 있다. 다양한 여성 운동의 경험들이 현재와 미래 여성을 위한 전략, 조직 기술, 그리고 평화로운 삶을 이해하고 형성하는 데 도움이 될 것이다.

참고 문헌

Chand, R., L.M. Pandey, & S. Garg (2010), "Rise and Decline of Rainfed Agriculture," in *Rainfed Agriculture in India. Perspectives and Challenges*, eds. Surjit Singh & M.S. Rathore, Jaipur: Rawat Publications.

Fernandes, W. (1999), *The Land Acquisition Bill 1998*, New Delhi: Indian Social Institute.

Makkal Muzhakkam (2013), Information and Resource Centre for Deprived Urban Community (IRCDUC), Issue 1, April.

Mies, M. & V. Shiva (1993), *Ecofeminism*, Australia & New Zealand: Spinifex Press.

Narayanamoorthy, A. (2006), "Relief Package for farmers: Can it stop suicides?," *Economic and Political Weekly*, 41/31: 3353.

Ramasamy, A.P., M.G. Nanagurunathan, & A.T.C. Rathakrishnan (2007), *Land Acquisition Act 1894*, Madurai: Account Test Centre.

Sharma, S. (2007), "Displacing Livelihoods: Land Acquisition for Special Economic Zones," *Mainstream*, 45/46, November: 16.

Wikipedia wikipedia.org/wiki/The_Minimum_Wages_Act,_1948#cite_note-53.

http://www.fao.org/sd/Wpdirect/WPre0113.htm (Vietnam)

http://www.quotegarden.com/feminism.html

http://www.umanitoba.ca/afs/agric_economics/course/061.210/notes/ Lecture13.

13 새로운 시대를 위한 중국 여성 운동의 재활성화, 재전략화, 재정치화

카이 이핑

개요

1990년대부터 중국과 세계 여성 운동에 참여한 경험을 토대로, 저자는 다음과 같은 비판적인 질문에 답하고자 한다. 중국 여성 운동은 지금 어디에 있는가? 여성의 인권 의제를 상정하는 데 누가 주역인가? 중국 여성이 당면한 문제는 무엇이며, 여성 운동의 새로운 경향에는 어떤 것이 있는가? 그리고 좀 더 중요하게, 어떤 전략을 세워야 여성의 인권 의제를 진전시킬 수 있는가?

서론

이 글에서 나는 1995년 베이징北京에서 열린 4차 유엔 세계여성회의World Conference on Women와 1990년대부터 중국 여성 운동과 함께하면서 성장할 수 있었던 젊은 페미니스트로서 개인적 경험을 말하고자 한다. 나는 다음과 같은 질문들에 답하려 한다. 중국 여성 운동은 지금 어디에 있는가? 여성의 인권 의제를 상정하는 데 누구를 주요 대상으로 삼아야 하는가? 여성들이 당면한 가장 큰 문제는 무엇인가? 어떻게 전략을 세워야 여성의 인권 의제를 진전시킬 수 있는가?

여러 면에서 나는 운이 좋았다. 젊은 페미니스트로, 1995년 베이징 세계여성회의에 참여할 수 있었으며, 그 경험을 통해 눈을 뜨게 되었고, 모든 종류의 억압 · 차별 · 불평등과 맞서 싸우는 페미니스트가 되겠다는 결심을 더욱 굳힐 수 있었다. 그곳에서 처음으로 세계 여성 운동을 접하고 그에 대해 더 알고 싶어졌다. 이렇게 해서 중국 여성의 인권을 세계 맥락에서 볼 수 있었으며, 마찬가지로 평등을 쟁취하기 위한 여성 투쟁의 역사를, 성취한 것과 앞으로 남겨진 과제들을 이해할 수 있게 되었다.

1949년 중화인민공화국이 설립된 이후로, 중국은 여성의 권리와 이익을 보호하기 위해 체계적으로 법을 제정했다.[1] 중국은 대부분의 유엔인권조약을 비준했으며, 여성의 인권과 성 평등[2]을 향상시킬 것을 약속했다. 정부는 가장 시급한 여성 문제들을 다루고 성 평등을 촉진하기 위해 3차에 걸친 여성발전계획(1995~2000, 2001~2010, 2011~2020)을 마련해 시행했다.

1980년대 이후로, 중국은 신자유주의가 이끄는 세계화와 함께 '사회주의적 시장 경제'라 불리는 급격한 경제 성장을 이루었다. 중국은 2010년 미국 다음으로 경제 규모가 큰 국가가 되었다. 이러한 배경에는 지난 20년간, 도시 · 농촌 간 지역 격차뿐만 아니라 남녀 차이가 더 벌어졌다는 분명한 현실이 존재한다.[3]

---

1 대표적으로 헌법(1954), (2005년도에 개정된) 여성권익보호법, (2001년도에 개정된) 혼인법을 들 수 있다.

2 이는 여성차별철폐조약을 포함한다. 중국은 세계인구개발회의ICPD(1994, Cairo)의 행동계획과 4차 세계여성회의가 채택한 베이징 행동강령의 조인국이다.

3 1990년, 2000년, 2010년에 전국여성연합회와 국가통계국이 전국적으로 실시한 '중국 여성의 지위 조사' 결과에 따르면, 임금 노동에 참여하는 여성들의 비율이 높은데도(약 70%로 세계 평균인 53%보다 훨씬 높다), 남녀 소득 격차는 도시와 농촌 지역 모두에서 증가하고 있다. 여성의 정치 참여율은 여전히 낮으며, 21%만이 전국인민대표대회에 참여하고, 4~10%만이 마을위원회에 참여한다.

중국의 젠더 문제들

성 불평등

헌법과 여성권익보호법이 보장한 '남녀 평등'이란 원칙에도 불구하고, 여성들은 평생에 걸쳐 매일 지속적으로 성 차별과 불평등을 겪고 있다. 예를 들면, 성 감별과 여아 살해를 야기하는 남아 선호, 그리고 교육, 취업, 소득, 정치 참여, 은퇴 연령,[4] 의료 서비스와 사회 복지에서의 불평등, 불공평한 토지 소유권과 재산권을 들 수 있다. 이주 여성, 소수 민족 여성, 장애나 HIV/AIDS가 있는 여성 등은 연령, 계급, 지리적 위치, 결혼 여부, 성적 지향, 출신 민족 등의 이유로 더 많은 불평등과 차별을 겪는다.

이주 여성[5]과 농촌 여성의 권리

이주자들은 사회 편의 시설, 교육, 의료 서비스, 그리고 다른 공공 서비스를 이용하는 데서 다양한 차별을 경험한다. 농촌에 남겨진 여성들은 농사와 양계, 밭일과 같은 중노동에 더해 가사 노동과 돌봄 노동도 해야 한다. 최근 농업의 여성화와 더불어, 농촌 여성들의 토지 소유권 문제가 중요하게 대두되었다. 여성들이 농촌 노동력의 65%를 충당하고 있는데도, 지역 의사 결정 자리는 겨우 1~2%밖에 차지하지 못한다.

---

4 중국의 은퇴 관련 정책은 1951년에 만들어지기 시작했으며 1978년도에 구체화되었다. 취약/고령/장애간부 재정착과 노동자 은퇴/사임에 관한 국무원 법안을 포함하여, 그 당시 내놓은 조항에 따르면, 회사 직원의 은퇴 연령은 남성은 60세, 여성 노동자는 50세, 여성 간부는 55세이다.

5 중국 국가통계국이 발표한 자료에 따르면, 2011년 중국에는 2억 3천만 명의 이주자가 있으며, 여성 이주자는 그 절반에 이를 것이라 추정된다.

젠더에 기반한 폭력

최근 들어, 부부 강간을 포함한 가정 폭력, 직장 내 성희롱에서 친밀한 관계에서의 폭력, 성폭행, 강간, 여성들과 소녀들의 (국제) 인신 매매에 이르기까지 관심 영역이 확장되었다. 이러한 문제들에 대응하기 위해 정부, 여성 인권운동가, 법률가들이 많은 노력과 행동을 하고 있다(Chinese Women's NGO Statement, 2013).

성과 재생산 건강 및 권리를 포함한 여성의 건강

성과 재생산 건강 및 권리Sexual and Reproductive Health and Rights를 포함한 여성의 건강 문제는 젠더에 기반한 폭력, 경제력 강화, 공적 생활의 참여와 같은 여성들의 다른 인권 문제와 매우 밀접하게 연결되어 있다. 농촌 여성과 이주 여성들은 가난, 가족계획 프로그램의 강요, 조기 결혼과 임신, 환경 오염, 여성에 대한 폭력, 접근하기 어려운 의료 서비스 때문에 건강이 좋지 않다. 도시 여성들과 여성 노동자들도 다양한 작업 재해에 노출되어 있다. 최근 도시 여성과 관련된 건강 문제로, 여성 몸의 상업화와 성애화sexualization에서 기인하는 성형 수술의 실패와 합병증을 들 수 있다. 의료 서비스에 대한 접근에서도 농촌과 도시 여성 간에 격차가 있다. 농촌 여성들이 갖가지 신체적 · 정신적 건강 문제를 가지고 있지만 중국 의료 자원의 70%는 도시에 몰려 있다.

여성의 경제력 강화

마오쩌둥毛澤東 시기에, 교조적인 여성 해방 이론은 경제적 독립이 여성 해방의 전제 조건이라 주장했다. 그러나 요즘에는 점점 더 많은 사람이 여성은 "직장에서 일 잘하는 것보다 결혼 잘하는 것이 더 중요하다"고 생각한다. 중국의 경제 호황과 함께, 여성 취업은 꾸준히 늘고 있지만 남녀 임금 격차는 더욱 벌어지고 있다. 여성들은 노동 집약적인 저임금 직종과 사회 보장 · 혜택을 받지 못하는 비공식 부문, 즉 질 낮은 일자리로 집중되고 있다.

여성 인권을 위한 의제 상정에 누가 주역인가?

중국 공산당과 정부는 특히 여성의 발전을 위한 국가기관을 통해 여성의 인권과 성 평등을 향상시키는 데 주도적인 역할을 해왔다. 국무원 산하의 여성아동업무위원회NWCWC(http://www.nwccw.gov.cn)는 법과 정책과 관련된 여성발전계획을 만들고 시행했으며, 좀 더 시급한 문제에 필요한 자원을 할당한다.

모든 민족과 지역을 총망라하는 대규모 여성 조직인 중화전국여성연합회中華全國婦女聯合會 정관에 따르면, 전국여성연합회는 중국 공산당의 지도 아래, 여성들의 더 나은 해방을 추구한다. 전국여성연합회는 당과 정부, 그리고 여성 대중 간의 다리 역할을 하며, 중국에서 가장 큰 NGO이자 유엔 경제사회이사회 협의 지위를 갖고 있다. 이는 성省에서 향鄕, 촌村에 이르는 전국적인 조직망을 지닌 우산 조직이기도 하다. 전국적인 조직망, 정통성, 영향력을 가진 전국여성연합회는 의사 결정 과정에 영향을 주며, 여성의 인권과 성 평등에 관한 정책 개발에 참여하고 영향을 줄 수 있게끔 여성들을 동원하는 데 중추적인 역할을 한다. 1995년 베이징에서 열린 4차 세계여성회의와 NGO 포럼에 자극받아, 이제 중국에서는 자생적인 풀뿌리 여성 NGO들이 속속 등장하고 있다. 이 NGO에는 연구기관과 대학 내 여성학센터, 여성에게 서비스를 제공하는 자생적 그룹 또는 네트워크뿐만 아니라 베이징 중전中泽 여성 법률 자문과 서비스센터(구 베이징대학 여성법률지원센터), 베이징홍풍紅楓여성심리상담센터

(http://www.maple.org.cn/), 이주 소녀들의 집, 그리고 이주 여성을 위한 통신同心 희망의 집, HIV/AIDS 여성들을 위한 에이즈 예방 전국 여성 네트워크, 가정 폭력 방지 네트워크, 여성을 위한 언론 감시 네트워크와 같은 압력 단체들도 있다. 어떤 조직은 연구, 서비스 제공, 권익 활동을 동시에 수행하기도 한다. 그들이 다루는 문제는 빈곤 퇴치에서 교육, 건강, HIV/AIDS, 여성에 대한 폭력, 환경 보호, 이주자의 권리, 성 소수자Lesbian, Gay, Bisexual, Transgender: LGBT의 권리에 이르기까지 매우 다양하다.

정부가 주도하는 여성발전계획과 비교해 보면, NGO들은 불평등, 차별, 여성에 대한 폭력 문제에 대해 국제 인권의 틀을 따르는 권리 중심의 접근 방식을 적용하고자 한다. 여성 NGO들은 유엔 여성차별철폐협약과 베이징행동강령Beijing Platform for Action(Wang, 2006)을 정부가 얼마나 잘 실천하는지 감시하기 위한 이면 보고서 작성(Cai, 2008) 등 국제 인권 운동의 방식과 수단을 써 왔다. 그들은 빈곤 퇴치, HIV/AIDS 예방, 교육 사업을 위한 개발 프로그램에 젠더를 통합하고 주류화하기 위한 수단으로서 정부 공무원, 개발 담당자, NGO를 대상으로 젠더 교육도 실시하고 있다. NGO들은 특히 젊은이들의 젠더 의식화와 공적 참여를 유도하는 데 주력했다. 2008년부터 2011년까지, 여성 NGO 연합은 여성폭력추방16일캠페인16Days Campaign against Violence against Women을 벌였으며 여기에는 대학생들이 주로 참여했다. 최근 가정 폭력, 직장 내 성희롱, 성차별에 반대하는 캠페인이나 '남자 화장실 점령(여자 화장실을 남자 화장실과 동일 비율이 아니라 더 늘려야 한다는 캠페인: 옮긴이)'과 같은 퍼포먼스를 젊은이들이 펼치고 있다. 인터넷과 새로운 정보통신기술 발달에 힘입어, 여성 NGO들은 인터넷 사용자, 더 많은 시청자에게 전달할 메시지를 만들고 유포할 뿐만 아니라 젠더와 관련한 사이버 공간상의 토론에 나타나는 가부장적 시각과 관점에 맞서 싸우기 위해 정보통신기술을 최대한 활용한다(Lu, 2013).

첫째로, "남성과 여성은 평등하다"는 것이 중국의 주류 담론이며, 이는 기본적인 국가 정책, 헌법 그리고 다른 법과 정책에 보장되어 있다. 그러나 대중은 이를 거의 알지 못하며, 전국여성연합회나 국가인구가족계획위원회 같은 소수의 기관을 제외하고는 이 정책을 집행해야 하는 고위 의사 결정권자조차도 잘 모른다(Xiao, 2004).

'남녀 평등'이라는 지배 담론과 지난 50년 동안 이룬 진보는 불행하게도 더 이상 성 불평등은 없다고 말하는 것으로 오인되었다. 그 결과, 일부 정책 입안자와 일반 대중의 사고 방식에는 성 평등과 여성의 인권을 증진하기 위해 노력할 필요가 없다는 생각이 자리 잡고 있다. 성 불평등을 해소하기 위해 행동을 취할 필요성과 위기감을 느끼지 못하거나 거부하는 것이 페미니스트 활동가들이 넘어서야 할 걸림돌이 되어 버렸다.

둘째로, 의사 결정 과정에 여성 NGO들이 의미 있고도 완전한 참여를 할 수 있도록 하는 효과적이고 투명하며 포괄적인 방법이 마련되어 있지 않다. 여성연합회는 여성 문제들과 여성발전계획과 관련된 정책을 옹호하는 데 핵심적인 역할을 해 왔다. 다른 자생적, 풀뿌리 여성 NGO들도 가정 폭력, 성희롱, 농촌 여성 발전, 가사 노동자의 권리 등과 같은 관련 문제들을 논의하고 협상하는 데 참여하도록 초대되었다. 그렇지만 정책 입안 과정에 여성 NGO들이 의미 있는 참여를 하려면 효과적이고 투명하며 포괄적인 방법이 필요하다. 중국 여성 NGO들이 인지도가 높아졌다 해도 그 과정에 참여할 수 있는 정도는 아니며, NGO에 대한 의사 결정권자들의 개방성과 수용성, NGO 역량, 그들과 여성 조직들과의 관계, 관련 정보의 접근성, 논의 중인 문제의 민감성 정도와 같은 수많은 외적 요인에 크게 좌지우지된다. 이에 더해, 정부의 지원을 받는 NGO와

GONGO(정부가 조직한 비정부 기구)들이 종종 시민 사회 단체들의 대표로 선임되어 정책 결정 과정에 참여하기도 한다. 이는 현장에서 활동하는 풀뿌리 여성 조직들의 목소리를 사실상 배제하는 것이다. 이런 중재 집단을 통해서만 정책 결정에 참여할 수 있으니 말이다.

세 번째 장애물은 뿌리 깊은 가부장제 문화 속에 스며든 제도화되고 구조화된 성 불평등과 관계가 있다. 많은 활동가는 성 불평등과 부당함이 전통적인 가부장제 문화뿐만 아니라, 이런 문화를 강화하는 제도화된 차별적 정책들에 의해 야기된다는 것을 깨닫게 되었다. 성 평등과 여성 인권을 중요한 가치로 존중하는 문화를 만드는 것이 페미니스트 활동가들의 최우선 당면 과제이다. 예를 들어, 페미니스트 학자들과 활동가들은 농촌 가정의 첫째 아이가 딸이면 둘째 아이도 갖게 하는 가족계획 정책을 재평가하고, 여아보다 남아를 총애하는 농촌의 규칙, 정책, 문화적 관습을 변화시킴으로써 남아 선호의 근본 원인을 다루고자 한다(Li, 2013). 가정 폭력 반대 캠페인은 가정 폭력을 용인하는 문화와 공과 사를 구분하는 이분법적 사고 방식에 도전한다.

마지막으로, 앞에서 언급한 장애물들 못지않게 중요한 것으로, 여성 NGO들이 직면한 법적 장애물과 재정적 제약을 들 수 있다. NGO 등록 요건을 완화시켜 달라는 요청에도 불구하고, NGO 등록 제도는 중국 NGO 발전의 가장 큰 걸림돌이 되고 있다. 시민 사회 단체들 중 10%만이 민정부民政部에 비영리단체로 등록되었으며, 나머지 90%는 등록되지 않았거나 국가공상행정관리총국에 기업으로 등록되어 있다. 이는 이 단체들이 세금 감면이나 비영리단체에 주는 혜택을 받지 못함을 의미한다. 다른 NGO들처럼, 해외 기부로 재정의 대부분을 충당하는 여성 단체들 또한 재정적 어려움에 처해 있으며 이들 중 여성 권익 보호 단체advocacy group와 풀뿌리 집단의 어려움이 가장 크다. 권익 보호 단체들은 정부 기금이나 기부금을 거의 얻지 못하고 있으며, 풀뿌리 집단들은 법적 지위가 보장되지 않고 세금 감면 혜택을 못 받으며 재원 마련도 어렵다.

전진: 재활성화, 재전략화, 재정치화

결론적으로, 지금이 중국 페미니스트 활동가들이 여성 인권 의제를 진전시키기 위해 전략을 짜야 할 매우 중요한 때이다. 지난 수십 년간 우리는 새로운 형태의 여성 조직과 밑에서부터 시작하는 풀뿌리 조직과 자생단체들의 붐을 지켜보았다. 1980년대와 1990년대 대부분의 여성 NGO는 엘리트 지식인 여성들이 세운 것으로 그들은 여성의 조직화, 젠더 의식화, 여성의 권익 증진, 젠더와 여성학에 대한 지식 생산에서 주도적인 역할을 했다. 21세기 초부터, 거의 대부분의 대도시에서 이주 여성 단체가 생겨났고 전국에 걸쳐 HIV/AIDS 여성 그룹이 등장했으며, 일부 지역에서는 가정 폭력 여성 생존자 모임, 성 소수자 집단과 성산업 종사자 그룹, 청소년 페미니스트 그룹 '위반자 BSinner B', 온라인 페미니스트 커뮤니티가 형성되는 등 수많은 풀뿌리 조직과 자생 집단이 등장하기 시작했다. 이 집단들의 다양성과 위계서열 없는 탈중심적 특성은 중국 여성 운동의 토대를 넓히고 강화한다.

자생적 · 비구조적 조직화와 더불어 여성학을 연구하는 중국여성연구회CWRS, 중국 젠더와 발전 네트워크Gender and Development Network in China, 가정 폭력 방지 네트워트Combating Domestic Violence Network, 중국 라라 연합Chinese Lala Alliance[6]처럼, 다양한 주제들을 중심으로 네트워크

6 '라라Lala'는 중국에서 레즈비언을 일컬을 때 흔히 쓰는 단어이다. 중국 라라 연합은 중국 본토, 홍콩, 대만과 해외 동포들을 포함한 중화권 레즈비언, 양성애자, 트랜스젠더들의 풀뿌리 조직들과 활동가들의 네트워크이다.

와 연합을 형성하기도 했다. 여타의 네트워크나 연합에서처럼, 조정 · 운영 · 자원 공유에 문제가 있었지만 네트워크와 연합을 형성하면서 결속력이 생겨났고, 그 결속력으로 여성 NGO들의 목소리를 키워서 영향력을 확대할 수 있었다.

또 다른 전략은 성 평등과 여성의 인권을 위해 페미니스트 학계, 여성연합회, NGO 활동가들과 더 큰 사회 운동 단체들이 힘을 합치고 각자의 강점과 이점을 살려 시너지 효과를 내는 것이다. 학계의 여성학 프로그램은 지식 생산과 교육에 강점이 있다(Du & Wang, 2009). 자생적 여성 NGO는 성 불평등과 차별 관련 문제에 더 민감하고 지지자들을 더 잘 대변한다. 대개 이들이 처음으로 문제를 제기하며, 성희롱, 가정 폭력, 이주 여성들의 권리, 여성들의 노동권, HIV/AIDS에 걸린 여성과 아동의 권리, 성 소수자와 소외 집단 등등과 같은 사안에 민감하다. 중국 공산당 조직인 전국여성연합회와 그 하부 조직들은 정책 · 법 · 여성발전계획을 감시하고 압력을 행사하는 중요한 역할을 하고 있다. 전국여성연합회는 합법 조직이고 정책 결정 과정에 참여할 수 있다는 이점이 있다. 그리고 거대한 네트워크를 가진 전국여성연합회는 풀뿌리 단체나 지역 차원의 NGO들의 영향력을 넓히고 규모를 키울 수 있도록 NGO들과 정책 결정자들 사이의 가교 역할을 할 수 있다. 성 평등과 차별 없는 사회라는 공통된 목표를 실현하고 서로의 활동을 지지하기 위해, 서로 다른 기관과 부문의 강점들을 한데 모으려는 새로운 시도도 있었다. 예를 들어, 중앙당 파Central Party School 페미니스트 학자들이 주도한 '성 평등 정책 지지 프로젝트Gender Equality Policy Advocacy Project'는 현재 중국의 가장 시급한 문제 중 하나인 출생 성비 불균형[7]을 해소하기 위해 학자들, 풀뿌리 NGO

---

7 출생 성비는 대개 출생한 여아 100명당 출생한 남아의 수로 표현한다. 생물학적으로 정

활동가들, 여성 연합 간부들을 한데 모았다. 뿌리 깊은 남아 선호 문화를 변화시키기 위해 공동체 동원, 젠더 의식화, 정책 개입을 통한 통합적 접근을 적용한 것이다. 다른 말로 하자면, 우리는 밑에서 위로, 그리고 위에서 아래로, 두 개의 접근 방식이 모두 필요하다.

4차 세계여성회의는 중국 여성들에게 1990년대의 역동적인 국제 여성 운동과 그들의 슬로건 "생각은 세계적으로, 행동은 지역적으로think globally, act locally"를 소개해 주었다. 중국 페미니스트 활동가들은 세계 여성 운동 경험 – 쟁점과 전략 – 을 지역 활동에 창조적으로 적용하기 위해 국제 여성 운동에서 영감을 얻고 배워 왔으며, 앞으로도 계속 그러할 것이다.[8] 중국 여성 조직들은 세계적인 시각을 가지고, 성매매, 다국적 기업에서 일하는 이주 노동자, 그들의 저항과 투쟁, 중국의 해외 투자의 사회적 책임을 위한 협력, 국경을 넘는 여성 인신 매매와 같은 문제들을 다시 생각하게 되었다. '글로컬라이제이션glocalization'[9]이라는 개념은 중국 여성 운동과 조직들이 다양한 권력 관계와 불평등과 연관된 세계 정치 경제 구조 속에 자신이 위치하는 것으로 보게 하며, 그 구조 속에서 성 평등과 사회 정의를 옹호하게 만든다.

상적인 출생 성비는 여아 100명당 남아 102~106명 정도이다. 1982년도 인구 센서스와 2005년 1% 인구 표본 조사에서 나온 자료에 따르면, 중국의 출생 성비는 1982년 107명이었던 것이 2005년에는 120명으로 증가했다. 2003년도에 국가인구가족계획위원회는 출생 성비가 높은 지역을 선택하여 '여아 돌보기 캠페인Care for Girls Campaign'을 시작했다. 이 캠페인의 목적은 가족계획 정책에 따르는 가족들에게 사회적 · 경제적 인센티브를 제공함으로써, 높은 출생 성비를 낮추는 것이다.

8 '하얀 리본White Ribbon', 'V데이 캠페인V-Day Campaign', '여성폭력추방16일캠페인16Days Campaign against Violence against Women', '국제 동성애 혐오 반대의 날International Day against Homophobia: IDAHO'과 같은 세계적 캠페인들이 중국에 소개되었으며 많은 NGO가 열심히 참여하고 있다.

9 글로컬라이제이션은 세계화globalization와 지역화localization를 합친 말로, "생각은 세계적으로, 행동은 지역적으로" 하고자 하는 개인, 집단, 분과, 단체, 조직, 공동체를 말한다.

이윤만을 추구하는 세계화, 성 불평등, 사회 부정의에 저항하기 위해 남반구 페미니스트 활동가들과 협업하는 것은 바로 이런 맥락에서 일어난 것이며, 이는 중국 여성들의 조직화의 중요 전략이기도 하다. 그 좋은 예로, 젠더와 경제적 · 생태적 · 성적 정의sexual justice의 연관성을 분석하고 옹호하려는 중국 여성 단체와 시민 사회들의 능력 강화를 위해 함께했던, 중국 페미니스트 활동가들과 남반구 페미니스트 네트워크인 '여성과 함께하는 새로운 시대를 위한 대안 개발Development Alternatives with Women for a New Era: DAWN'(http://www.dawnnet.org)과의 협업을 들 수 있다. 2012년 4월, 여성과 함께하는 새로운 시대를 위한 대안 개발은 중국의 환경 NGO인 그리노베이션 허브Greenovation Hub와 함께 일했으며, 분석 틀에서 그들의 상호 연관성을 논의하기 위해 그리고 여성의 목소리와 관심사가 국가와 세계 발전의 틀에다 그저 '넣고 휘젓기add and stir'에 그치지 않도록 하기 위해 페미니스트 활동가, 환경 운동 단체, 개발 조직, 의료 조직과 미디어를 한데 모은 워크숍을 처음으로 조직했다.

참고 문헌

Cai Yiping (2008), "Guo Ji Gong Yue he Zhong Guo Fu Nv Ren Quan de Bao Hu: Yi Xiao Qi Gong Yuan' Wei Li" ("International Conventions and Protection of Women's Human Rights in China: A Case Study on CEDAW"), *Cun Jin She Hui Xing Bie Ping Deng de Fa Lv Chang Dao (Laws and Policies towards Gender Equality)*, eds. Tan Lin and Du Jie, Beijing: Social Science and Academic Publisher.

Chinese Women NGOs' Statement (2013), "Elimination and Prevention of Gender-Based Violence through Rights-based and Women-Oriented Approach, March 4, Beijing, http://www.china-gad.org/ Infor/ShowArticle.asp?ArticleID=18256.

Du Fangqin & Wang Jun (2009), "Women's Studies in Mainland China: the Construction and Adoption of Knowledge — To Review and Rethink of the last 30 years and to Prospect for future," paper presented at the Symposium on Mobilized Asia and Asia Women's Studies, February, Seoul, South Korea.

Li Huiying (2013), "Gender-based Violence and Gender Institutions," presentation at the panel on "Feminist Activism against Gender-based Violence in China," March 7, Co-convened by DAWN and Oxfam, New York.

Lu Pin (2013), "Cases on Women's Rights Advocacy," presentation at the panel on Feminist Activism against Gender-based Violence in China," March 7, Co-convened by DAWN and Oxfam, New York.

Xiao Yang (2004), *Dui Gao Ceng Jue Ce Zhe She Hui Xing Bie Yi Shi de Diao Cha yu Fen Xi, (Survey and Analysis on Gender Awareness among High-Level Decision Makers)*, Beijing: Women's Studies Institute of the All-China Women's Federation, http://www.xingbie.org/ppt/dgcjcvuhxbyuddiyfx.doc.

Wang Jinling (ed.) (2006), *Report on Women's Development in China '95+10*, Beijing: Social Sciences Academic Press.

14 한국 청소년을 위한 성인지적 성교육 실천

이목소희

개요

최근 한국에서는 청소년을 위한 성교육이 그 어느 때보다도 주목을 받고 있다. 이 글은 아동/청소년 성폭력, 사이버 포르노그라피, 의제 강간 등의 현상과 관련이 있다. 청소년들은 성적 욕망과 실천을 논하는 초점 집단으로 나타나기 시작했다. 그러므로 여기에서 제시되는 질문은 우리가 추구하는 성교육은 어떠한 것이어야 하는가이다. 이 연구는 성교육의 성인지적 측면의 중요성과 한국 '아하!청소년성문화센터'의 프로그램의 적절한 실천을 강조한다. 성인지적 성교육은 연령, 인종, 계급, 종교, 성적 지향에서의 다양성의 감수성을 포함하며 이중 잣대와 가부장제 문화에 관한 비판적 관점을 분명히 한다. 성인지적 성교육을 개발하기 위해 전문가들은 젠더 감수성과 적절한 경험 속에서 훈련되어야 하며, 그것을 통해 청소년들은 사회적 · 문화적 · 실천적 성적 규범에 대한 비판적인 관점을 가질 수 있게 될 것이다.

서론: 한국 사회 청소년 성교육의 흐름과 현실

한국 사회에는 청소년 성교육이 매우 필요하며 중요하다는 사회적 공감대가 형성되어 있다. 이러한 공감대를 뒷받침하는 것은 청소년의 성을 둘러싼 사회적 현상들이다. 1990년대 중반, 청소년이 성적 실천의 주체로 등장하기 시작했다. 10대의 임신과 출산, 원조교제(청소년 성매매) 등의 이슈에서 청소년은 성적 실천의 주체로, 때로는 피해자의 모습으로 비쳤다. 1990년대 후반부터는 청소년이 가해자 및 피해자가 되는 성폭력 사건들이 가시화되기 시작했다. 더불어 인터넷의 등장과 한국 사회의 높은 인터넷 보급률은 청소년들이 성 정보에 접근할 수 있는 기회의 평준화를 열어 주었다. 특히 사이버 공간에서의 성적 실천은 포르노 소비, 팬픽fan fic 창작과 '동인녀'(만화 등을 동성애 코드로 재배치해 재창작하거나 이를 탐닉하는 여성: 옮긴이) 활동, 성소수자 청소년 온라인 커뮤니티 활동, 사이버 연애 등으로 드러나고 있다. 최근에는 스마트폰의 보급으로 사이버 공간에서의 경험과 실천이 더욱 확장되고 있다.

한국에서 성교육의 시작은 1950년대로 거슬러 올라간다. 그러나 여성의 성을 통제하는 성차별적인 '순결 교육'이 진행되었으며, 1982년이 되어서야 '성교육'이라는 용어를 공식적으로 사용했다. 1982년 문교부의 성교육 실시 공식 발표 후, 1983년에는 초 · 중 · 고등학교별 성교육 자료 및 교사용 지도서를 개발하여 관련 교과를 통해 지도하도록 했다. 그렇지만 자료도 부족했으며 생물학적 지식 전달과 순결 교육 위주의 성교육이 진행되었다. 이후 교육인적자원부는 2000년을 '성교육 원년의 해'로 지정하고, 2001년에는 「학교 성교육 활성화 지침」을 통해 연간 10시간 성교육을 실시하도록 권장했다(교육인적자원부, 2004: 13-14). 또한 학교는 성폭력 예방 교육과 성매매 예방 교육을 각각 성폭력 범죄의 처벌 및 피해자 보호 등에 관한 법률(1994년 제정)과 성매매 방지 및 피해자 보호 등에 관한 법률(2004년 제정)에 근거하여 연중 의무적으로 실시해야 한다. 2007년에는 학교보건법 개정으로 보건교과를 도입하고 실시할 수 있게 되었다. 이제는 한국의 모든 청소년이 학교에서 성교육을 받고 있다. 2013년 현재 모든 학교는 교육부의 지침에 따라 연간 15시간 이상의 성

교육을 시행해야 한다.[1]

대부분의 청소년이 시간을 보내는 학교의 성교육이 제도화되는 동안 학교 밖에서도 성교육 및 관련 활동이 시작되었다. 1984년 YMCA 성교육상담실과 대한가족계획협회 상담실은 성교육 및 성교육자 양성 교육, 캠페인 등 관련 활동을 시작했다. 1990년대는 성폭력 특별법 제정과 더불어 한국성폭력상담소, 여성의전화, 한국여성민우회 등 여성 단체 중심의 성담론 활성화 및 성교육이 시작되었다(이명화, 2008: 21-22). 서울시는 1999년 청소년의 성교육과 성상담을 전문으로 하는 청소년성문화센터를 설치하고, 전시형 · 체험형 성교육 프로그램을 시작했다. 이후 2002년에는 서울시늘푸른여성지원센터에도 성교육장이 마련되었으며, 청소년을 위한 내일여성센터는 성교육 교구를 갖춘 버스를 마련해 이동형 성교육을 운영하기 시작했다. 체험형 성교육 프로그램은 학교 성교육의 한계를 극복하는 대안으로 제시되어, 2007년부터 정부 주도 하에 전국에 보급[2]되기 시작했다.

성교육의 필요성은 날이 갈수록 대두되고 있다. 또한 성교육을 진행하는 주체도 점점 다양해지고 있다. 그러나 어떤 성교육이 필요한가에 대한 사회적 합의를 이끌어 내기 위한 활발한 논의의 장은 부족한 실정이다. 성을 어떤 관점에 근거해서 바라보아야 하는가? 청소년을, 청소년의

---

1 학교에서의 성교육이 청소년에게 현실적인 내용으로 활발하게 이루어지는 경우는 많지 않다. 주변 청소년들 경험만 들어보아도 담당교사의 편협한 가치관, 방송 강의나 영상물만 틀어 주기, 도덕적 훈계와 겁주기 등 실질적이지 않은 성교육을 받았다는 의견이 많았다. 입시 위주의 교육에서 성교육 시수를 확보해 제대로 시행하는 학교는 많지 않다. 학교 성교육은 학교장 재량으로 되어 있으며, 성교육 담당 교사(주로 보건교사)의 역량이 교육의 질을 담보하게 된다.

2 'SAYSexuality About the Youth 10대들의 성문화놀이터'를 브랜드로 정확한 성지식 습득, 성적 위험에 대한 감수성 높이기, 성평등 의식 고취를 통해 성적 자기 결정 능력을 향상하여 스스로 성적 주체로 인식하는 것을 목적으로 한다(이명화, 2007).

성을 어떻게 바라볼 것인가? 무엇을 목적으로 하는 성교육이 필요한가? 최근 학생인권조례, 차별금지법 제정 등을 둘러싸고 벌어진 사회 각계각층의 태도를 볼 때, 앞의 질문들은 점점 더 중요해지고 있다. 이제 '어떤 성교육을 지향해야 하는가'에 대해 함께 질문하고 답을 찾아가야 한다.

성인지적 성교육의 의미와 필요성

성교육은 '과학적으로 입증된' 성에 대한 생물학적 지식을 유포하거나, 특정 사회가 추구하는 성에 대한 규범을 주입시켜 성적 일탈 행위를 억제하는 교육의 장으로 이용되고 있다. 반면 기존 성규범에 저항하는 새로운 성의식을 생산해 내는 실천적 담론의 장이 되기도 한다(김현미, 1997). 전자가 가부장적이며 성차별적인 성문화를 유지 및 재생산하고 있다면, 후자는 차이와 다양성을 전제로 하는 대안적인 성문화를 구축하는 실천이다. 따라서 여성주의에 근거한 성교육은 기존의 성규범을 바꾸고 뒤집는 담론 담론 생산의 장이며 실천의 장이 된다.

성교육은 단순히 해부학적 지식과 생리적 기능을 다루는 것이 아니라 섹슈얼리티, 즉 성에 대한 태도, 행동, 가치, 규범, 제도, 문화 등을 포괄하는 교육이다. 그런데 사회의 젠더 규범은 섹슈얼리티를 구성하는 데 지대한 영향을 끼친다. 개인의 성적 욕망과 실천은 사회가 지배적으로 요구하는 젠더 규범과 제도에서 자유로울 수 없다. 여성의 성적 실천과 관심은 '걸레'로 낙인화되기 십상이다. 그러나 남자의 성적 실천은 대개 자랑이며 '자연스러운' 것으로 여겨진다. 젠더화된 섹슈얼리티가 이 사회를 함께 살아가고 있는 청소년의 성문화에서도 드러나는 것은 당연한 결과이다. 그렇기에 청소년의 성교육은 성인지적 관점에 기반하여 기획하고 진행해야 한다.

성인지적 성교육은 다음 사항들을 반영 및 적용하는 것이다.

첫째, 여성과 남성이라는 성별이 어떻게 구성되는지, 성차별적인 젠더 체계가 어떻게 다른 경험과 인식을 하게 만드는지 드러내야 한다. 기존의 일부 성교육이 제시하는 각 성별 간 이해와 배려, 동등한 대우를 의미하는 것이 아니다. 성인지적 관점의 성교육은 개인의 성별로 인해 구성된 가치관과 태도가 성적 실천에서 어떻게 작용하며 어떤 결과를 낳게 될지 예측하는 것을 가능하게 한다. 남자 청소년은 가부장적이며 성기 중심적인 성문화를 답습하지 않도록 변화의 방향을 제시하고, 여성의 입장에서 겪게 되는 성에 대한 이중 규범의 부당함을 알게 해야 한다. 여자 청소년은 여성에게 가해지는 이중 규범을 직시하게 하면서, 스스로를 생식의 주체이자 수동적인 존재로 규정하지 않도록 비판적 관점을 형성하게 한다. 젠더 규범에 의해 구성되는 현실과 개인의 성적 실천이 부딪쳤을 때, 관계를 형성하고 소통하는 과정에서 고려해야 할 것을 구체적으로 시뮬레이션하도록 해야 하며, 그 결정이 미치는 결과를 예측하여 대응할 수 있게 한다. 또한 기존의 생물학적 지식은 과학이라는 이름 아래 객관적이고 절대적인 진리로 여겨지고 있지만, 사실 가부장적이며 성별 고정적인 담론을 재생산하고 있다. 따라서 성 관련 용어 및 지식을 설명하는 여성주의 관점의 언어들을 발굴하고 사용해야 한다. 성교육 교구도 고정 관념을 재생산하지 않는 형태의 다양한 몸 이미지, 색채 등을 이용해 제작해야 한다.

둘째, 성적 위계 질서를 구성하는 '정상/비정상'에 문제 제기하고 이분화된 경계를 해체해야 한다. '정상적인 성'은 자연스러우며 바람직한 것으로, '비정상적인 성'은 이상하고 실천해서는 안 되는 것으로 규정하여 성적 위계를 만들고 있다. 따라서 이분화된 성적 위계에서 '정상'으로 구분되는 '성인의 이성애 사랑과 결혼 제도 안에서 생식만을 전제로 하는 성'에 계속 질문을 던지고 비판적으로 바라보아야 한다. 그래야 성적 즐거움과 쾌락을 얘기할 수 있고, 청소년을 성적 존재/주체로 규정할 수 있으며, 위계를 만들면서 배제하고 있는 성적 소수자를 가시화할 수 있다. 고정적인 두 개의 성별을 전제하는 이성애 중심주의는 성별화된 역할을 강조하며 가부장적 질서를 유지시킨다. 이러한 질서에 균열을 내려면 권력이 어떻게 위계를 만드는지 읽을 수 있어야 하며, 그럴 때 틈새내기rift-design 실천이 가능해진다. 그리고 권력이 만드는 위계에서 자신은 어떤 위치에 있는지, 자신의 행위가 그 위계 질서에서 어떤 의미를 갖게 되는지 알도록 해야 한다. 더불어 청소년에게 성교육을 한다는 것은 역설적이게도 이미 청소년은 성적 욕망을 가지고 있으며 성적 실천이 가능한 존재임을 의미한다. 그럼에도 불구하고 청소년을 '보호'의 대상으로만 대하는 성교육은 현실적이지 않다. 청소년의 성적 권리와 자율을 전제할 때 책임도 얘기할 수 있다.

셋째, 인문사회학적 사고를 바탕으로 차이와 다양성을 고려해야 한다. 성에 대한 생각/느낌/실천은 성별이라는 변수 외에도 계급, 지역, 연령, 인종, 종교 등에 따라 다르다. 성에 대한 정보, 경험, 노출, 허용 정도는 여러 사회적 요소가 교차하며 영향을 미치게 된다. 또한 개인의 생각과 느낌도 상황에 따라, 누구와 관계 맺느냐에 따라 달라질 수 있다. 이와 같은 차이 감수성을 바탕으로 성性인권 확보에 대해 섬세하게 고민해야 한다.

성인지적 성교육의 실제: 아하!청소년성문화센터[3]의 체험형 통합 성교육을 중심으로

아하!청소년성문화센터의 체험형 성교육은 2001년 개관 이후 지속적인 업그레이드를 실시했으며, 2012년부터 다섯 번째 리뉴얼 프로그램을 적용하고 있다. 아하!센터의 체험형 성교육은 현재 전국으로 확산되어 '청소년성문화센터 SAY'의 모델 역할을 했다.

현재 운영하고 있는 체험형 통합 성교육은 성 발달 정도와 사회 성문화의 영향력을 고려해 초등학교 저학년과 고학년, 중학교 1~2학년, 중학교 3학년~고등학교 3학년 총 4단계로 구성했다. 성의 주제를 나열하는 기존 성교육의 틀을 넘어 통합적인 관점으로 성을 다루고, 차이에 대한 감수성 기르기와 비판적 관점의 가치관 형성에 중점을 두고 있다. 이러한 프로그램 목적에 부합하기 위해 설명하는 방식을 넘어서 놀이, 몸동작, 퍼포먼스, 그룹 작업 등의 다양한 방식을 활용하고 있다.

그중 중학교 3학년 이상을 대상으로 하는 '워크숍 노트' 프로그램을 구체적으로 살펴보겠다. 노트는 그간 아하!센터 프로그램에 참여한 청소년들의 성 관련 질문 중 5개를 선정하여 구성했다. 교육에서 전달하고 싶은 메시지를 또래의 질문을 활용한 활동을 통해 청소년 스스로 생각해 볼 수 있도록 했다. 워크숍 노트는 3~4명이 한 모둠이 되어 쓰고, 그리고, 읽고, 붙이고, 체크하고, 영상을 시청하는 등의 활동 방식으로 노트가 제시하는 과제를 수행하게 된다. 5개의 질문과 해당 워크숍 노트에서 다루는 내용은 다음 표와 같다.

워크숍 노트를 그룹 작업한 후 청소년들은 매개자와 함께 활동 결과를 발표하고 의견을 나누게 된다. 프로그램은 대부분 성별을 분리하여 진행하므로 자유롭고 편안한 소통이 가능하다. 매개자는 솔직하고 열린 태도로 청소년들을 대하기에, 의견을 나누는 과정에서도 많은 질문이 오고 가게 된다. 프로그램에 참가한 청소년들의 평가를 보면 '매개자는 교육

---

3 아하!청소년성문화센터는 서울특별시와 YMCA가 함께 운영하는 민관 협력 청소년 특화 시설로, 청소년 성교육 · 성상담 · 성문화 활동 및 성교육 · 성상담 지도력을 양성하는 일을 하고 있다.

질문	목적 및 내용
키스 같은 거 할 때 드라마에선 동의 없이 멋있게 하는데 현실에서는 하기 전에 허락 맡고 해야 되나요?	• 성행동에서 성적 의사 소통의 중요성 알기(진솔한 의사 소통이 훨씬 편하고 좋다) • 성행동에서 관계의 권력 구조가 작동할 수 있음을 알고, 일방적인 성행동은 데이트 성폭력이 될 수 있음을 알기 • 성행동에 대한 개인의 결정이 상황에 따라 다를 수 있음을 알기 • 남자 청소년: 상대방의 의사를 파악하기 위해 표정, 몸짓에 예민해져야 함, '아니오'를 내숭으로 판단하지 말고 그대로 받아들여야 하며 그럴 때 진솔한 의사 소통이 가능 • 여자 청소년: 자신의 욕망을 구체화하는 연습과 원하는 스킨십을 표현하는 연습이 필요하며, 하고 싶지 않을 때와 모호할 때 정확하게 거부 의사 표현하기
남자들은 경험 있는 여자를 싫어한다는데 경험이 있는지 없는지 어떻게 알고 왜 싫어해요?	• 성관계 경험 여부를 알 수 있다는 얘기들, 특히 여성에 대한 얘기만 있는 것에 문제 제기하기 • 성기 결합 중심의 성관계 개념과 남성 중심의 성관계 서사에 문제 제기하고 비판하기 • 청소년 성문화 연구조사 결과를 바탕으로 성관계에 대한 남자와 여자의 경험이 다르게 구성됨을 알기 • 사회문화적 관습, 역사적 사실, 일상 속 얘기 등 여성과 청소년의 성을 통제하는 현실에 비판적 관점 갖기
연애하고 싶어요.	• 연애를 위해 자신의 준비가 필요함 알기 • 소비 중심의 성별화된 연애 문화 읽기: 데이트 비용, 이벤트 진행 등 • 서로 다른 존재가 만나는 연애 중 갈등은 필수, 이별은 연애의 한 과정임을 알기
저는 여자인데 여자가 좋아요. 근데 남자도 좋아요. 동성애는 왜 생기는 거죠?	• 우리 사회가 얼마나 이성애 중심 문화인지 돌아보기 • 성적 소수자에게 던지는 질문들이 편견에 근거함을 알기 • 우리 안에 있는 호모포비아 알아채기
지금 섹스 해도 되나요?	• 성관계는 언제 하느냐가 아닌 어떻게 하느냐가 중요함을 알기 • 안전한 성관계를 위한 준비 구체화하기: 소통, 원하지 않는 임신과 성병을 예방하기 위한 실천 • 구체적인 피임 방법 알고 콘돔 사용법 실습 • 피임과 성병 예방을 위한 실천에서 제안과 협상의 중요성 알기(특히 남자 청소년에게 강조)

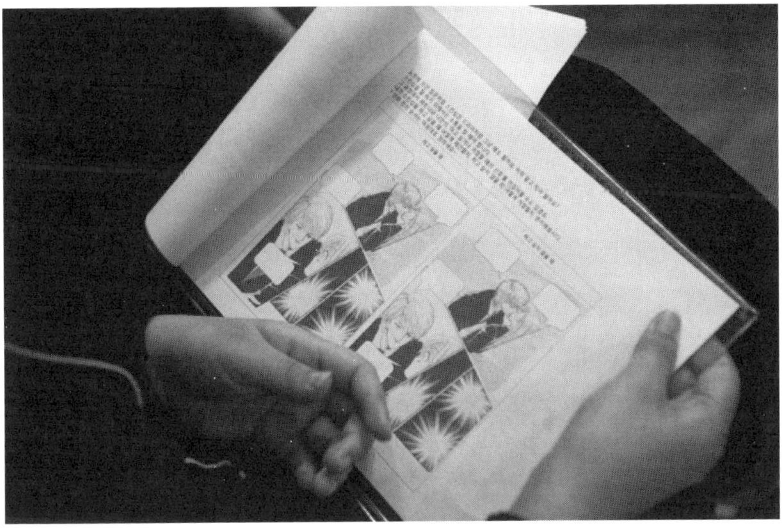

다양한 매체를 활용한 워크숍 노트 수행

워크숍 노트 활동 중인 청소년들

생의 질문에 대한 대처 및 태도가 성실했다', '매개자가 제시한 내용은 실질적이고 구체적이다'에 가장 높은 만족도를 보이고 있다. 그러나 성인지적 관점이 준비된 지도력을 확보하는 것은 쉽지 않다. 따라서 프로그램 기획 및 운영과 더불어 성인지적 관점을 가진 지도력을 양성하는 활동 역시 꾸준히 진행하고 있다.

성인지적 성교육 프로그램 확산을 위한 과제

성인지적 성교육을 확산하기 위한 과제는 다음과 같다.

첫째, 성인지적 관점을 훈련한 전문 지도력을 양성하기 위한 구체적인 노력이 필요하다. 성인지적 관점 훈련은 섹슈얼리티가 젠더, 계급, 연령 등 다른 사회적 요소들과 어떻게 결합하고 구성되는지에 대한 인문사회학적·여성학적 지식과 전문적 훈련을 필요로 한다. 그저 '몇 시간의 이수 교육'으로 달성될 수 있는 정량화된 지식이 아니라 성교육자의 성적 가치관과 관점에 대한 끊임없는 성찰과 자기 점검을 요구하는 가치관 교육을 포함한다(여성가족부, 2010: 40). 성인지적 관점을 적용해 성문화 및 성 이슈를 읽을 수 있어야 성인지적 성교육 프로그램을 기획하고 진행할 수 있는 역량이 확보된다. 그러나 한국 사회 안에서 성인지적 성교육을 지향해야 한다는 여론조차 미미하다. 따라서 성인지적 관점의 성교육과 지도력 훈련을 공론화하고, 훈련 과정을 연구하여 기획하는 주체가 필요한 시점이다.

그리고 이를 위해 기존에 시행되고 있는 정책의 전환을 모색할 수 있다. 성폭력과 성매매 예방을 위한 법과 정책이 마련되어 있지만, 예방보다는 처벌을 위주로 하고 있다. 좀 더 근본적인 성폭력·성매매 예방을 위해서는 성차별적이고 가부장적인 성문화를 바꾸는 정책으로 전환할 필요가 있다. 그러한 정책의 일환으로 성인지적 성교육 확보 및 확대를 위한 중앙 조정, 연구, 지도력 훈련, 프로그램 보급 및 확산 등의 기능을 포괄하는 인프라를 마련해야 한다. 또한 청소년을 만나는 사람들(교사, 사회복지사, 청소년 지도자 등) 역시 청소년의 성태도와 성의식에 영향을 미치므로 성인지적 관점 형성을 위한 연수를 받도록 해야 한다.

둘째, 현실적인 성교육을 위한 예산을 확보해야 한다. 성교육이 성에 대한 인식 전환과 행동 변화를 목적으로 하려면 자유로운 의견 교환이 가능해야 한다. 성교육자와 청소년 간, 그리고 청소년과 청소년 간 다양한 의견이 오고가려면 소규모 형태의 지속적인 교육이 필요하다. 성문화 변화에 기여하는 소규모 형태의 성교육을 훈련된 전문 지도력이 진행하기 위한 예산 확보가 필요하다.

셋째, 청소년을 성문화 생산과 변화의 주체로 받아들여야 한다. 그러면 성인의 입장에서 일방적으로 전달하고 강요하는 성교육은 하지 않게 된다. 청소년들 스스로가 생각하고 표현할 수 있는 장을 조성하고, 다양한 청소년의 성문화와 의견을 프로그램에 반영해야 한다. 그리고 다양한 청소년 주체가 존재함을 인정하고 그들의 목소리를 드러내고 반영하는 시도를 꾸준히 해야 한다.

참고 문헌

교육인적자원부(2001), 『함께 풀어가는 성 이야기(고등학교)' 성교육 교사용 지도지침서』, 서울: 교육인적자원부.

______(2004), 『성교육 프로그램의 효과분석 및 개선방안 연구』, 서울: 교육인적자원부.

김현미(1997), "여성주의 성교육을 위한 모색," 한국여성학회, 『한국여성학』 제13권 2호, 123-154쪽.

박혜림(2007), "1990년대 중반 이후 성교육 담론에 나타난 10대여성의 섹슈얼리티: 성적 주체의 추상화와 피해자화를 넘어서," (사)한국여성연구소, 『페미니즘연구』 2007 봄/7권 1호, 239-272쪽.

변혜정(2007), "누구를 위한 어떠한 성교육 정책인가?: 청소년의 욕망과 상호 인정, 그리고 제도화 사이에서," 서울시늘푸른여성지원센터, 성인지적 성교육정책의 비전과 과제 국제 심포지엄 발표문(2007.9.20).

여성가족부(2010), 『청소년성문화센터 평가컨설팅』, 서울: 여성가족부.

이명화(2007), "청소년 성교육 인프라 확대를 위한 지역화 전략 및 컨텐츠 개발: 청소년 성교육 체험관을 중심으로," 대한성학회, 2007 대한성학회 제5회 연수강좌 발표문 (2007.6.17).

______(2008), "청소년 성교육의 목적과 방향," 아하!서울시립청소년성문화센터, 『2008 아하! 섹슈얼리티 교육 가이드북』, 18-29쪽.

• 저자 소개 •

(집필순)

카지 라베야 아미 Kazi Rabeya Ame는 2006년 방글라데시 다카의 빈민가에서 풀뿌리 개발 운동가로 활동을 시작했으며 현재 방글라데시 기아 프로젝트의 청소년 기아 근절 분과에서 일하고 있다. 교육자로서, 방글라데시 50개 지역에서 공동체를 결집시킬 수 있는 리더십 교육 프로그램을 50회 이상 개최했다.

정주영은 현재 경북대학교에서 박사과정을 수료하고 박사학위 논문을 쓰고 있다. 결혼 이후 특히 한국인 여성과 개발도상국 출신의 비非한국인 남성 커플에 대한 편견을 비롯해 수많은 부당한 이민 정책에 대해 알게 되었으며, 터 네트워크와 함께 모든 종류의 차별과 반反이민 감정에 맞서는 운동을 하고 있다.

파슈파티 쿤와르 Pashupati Kunwar는 여성, 젠더, 재생산 건강, 평화 구축, 인권 문제를 다루는 아크함 지역의 NGO 사마비카스 네팔의 대표이다. 젠더 평등과 사회 통합Gender Equality and Social Inclusion: GESI의 간사이자 젠더 평등과 사회 통합에 대한 전문 기술을 지닌 국가가 인정한 젠더 전문 교육자이기도 하다. 또한 평화 구축, 지속 가능한 개발, 재생산 건강과 인도주의적 문제들에 정통하며, 여성들의 역량 강화를 위해 다양한 활동을 펼쳤다.

카니스 수비아니타 Khanis Suvianita는 인도네시아의 게이야 누산타라 재단GAYa NUSANTARA Foundation: GN에서 성 소수자를 위해 일하는 활동가이다. 그녀는 여성, 젠더, 섹슈얼리티에 관심을 갖고 이에 대한 연구를 수행했다. 그녀는 게이야 누산타라 재단의 인권, 대중 의식, 정치 분과의 책임자이기도 하다.

잉 르윈 Ying Lwin은 카친족 출신 인권운동가로, 2003년부터 태국카친여성연대Kachin Women's Association Thailand: KWAT에 적극적으로 참여하고 있다. 그녀는 카친족 여성의 인신 매매에 대한 두 권의 출판물 간행에 참여했으며, 인신 매매당한 여성들을 돕기 위해 중국-버마 국경 지역에 위기지원센터를 여러 개 세웠다.

마리아 크리스티나 후라도 Maria Cristina Jurado는 필리핀 마닐라 출생으로, 2001년 리잘 시스템 대학University of Rizal System에서 장학금을 받고 2005년에 마을 개발 전공, 교육학 부전공의 학사 학위를 취득했다. 2006년도에 TRICORPS(도시빈민연합, 주민운동교육훈련원, 필리핀 기업 내 공동체 조직이라는 3개의 NGO로 구성)에서 주민운동가 교육을 받았으며, 2008년부터 도시빈민연합에서 마을 개발자/주민운동 교육자로 활동하고 있다.

샤미마 악테르 Shamima Akhter는 방글라데시의 아시아 재난대비센터의 프로젝트 담당자이자, 젠더 전문가로 활동 중이다. 현재 아시아 재난대비센터에서 재난을 분석하고 모니터링하는 프로젝트에 참여하고 있다. 태국의 아시아기술원Asian Institute of Technology에서 연구원으로 일했으며, 현재 방글라데시 노던 대학교Northern University Bangladesh의 교수로 재직하고 있다. 일본 정부로부터 받은 장학금으로, 태국의 아시아기술원에서 젠더와 발전학으로 석사를 마쳤다.

사랑가 섭하쉬니 자야라딘 Saranga Subhashini Jayarathne은 스리랑카 농업지도교육원Agriculture Extension에서 농업 전공으로 학사학위를 취득했다. 졸업 후 개발부에서 일했으며, 국제 구호 단체 머시코Mercy Corps, 스리랑카 적십자회, UN 개발계획 등 어려운 이들을 돕는 단체에서도 일했다. 현재 그녀는 스리랑카 아동기금ChildFund Sri Lanka의 프로그램 담당자로 일하는 한편, 개발실천원Development Practice에서 석사 과정 중이다.

크리스틴 아키노 발레리오 Kristine Aquino Valerio는 현재 필리핀가족계획기구에서 일하고 있다. 그녀는 태풍 하이옌 당시, 필리핀 가족계획기구의 구호 활동에서 성폭력 담당자로 일했었다. 필리핀-딜리만Philippines-Diliman 대학에서 사회학을 전공했으며, 팔레스타인-이스라엘 에큐메니컬 동반자 프로그램EAPPI (팔레스타인과 이스라엘 분쟁의 평화적 해결을 위한 국제 연대 프로그램: 옮긴이)에도 참여했다.

칼파나 에리알 Kalpana Aryal은 네팔 서부 지구 출신으로, 2004년 6월부터 네팔 적십자회에서 일했다. 현재 "안전한 공동체를 위한 지진 대비 프로그램"의 재난 위험 경감 사무국에서 일하고 있다. 그녀는 요구 사정, 예비 조사, 기초 연구, 프로젝트 개발 및 실행, 지역주민 동원 교육/워크숍 진행, 모니터링에 풍부한 경험을 지니고 있다.

하유 디아 패트리아 Hayu Dyah Patria는 식용 야생 식물을 연구하는 인도네시아의 자치 조직인 만타사Mantasa의 창립 멤버이다. 식량학자로 연구를 해오다, 여성과 생물의 다양성의 밀접한 연관성 같은 좀 더 구체적인 식량 문제에 관심을 갖게 되었다.

베다나야기 푸슈파라지 Vedhanayagi Pushparaj는 1998년에 인도 마드라스 크리스천 대학Madras Christian College에서 사회사업 석사학위를, 2001년에는 마드라스 대학에서 타밀 문학 석사학위를, 2011~2013년에는 인간의 우수성을 위한 요가yoga for human excellence 석사학위를 취득했다. 센드랄 운동의 설립자이자 이사이며, 15년 넘게 여성과 아동을 위해 활동했다. 2009년 암베드카 최고 사회사업가 상, 2012년 타밀나두 스타상, 2012년 칼비바지카티 상을 비롯해 여러 상을 수상했다.

카이 이핑 Cai Yiping은 중국 베이징에서 활동하는 페미니스트로, 여성과 함께하는 새로운 시대를 위한 대안 개발Develop Alternatives with Woman for a New Ear: DAWN의 집행위원이다. 국제 여성 단체인 이시스 인터내셔널Isis International의 사무차장(2008~2011)을 역임했으며, 「중국 여성 신문*China Women's News*」의 저널리스트로 10년간(1995~2005) 활동한 다음, 중국여성연구소의 준연구원(2006~2008)으로 일했다.

이목소희는 한국 숙명여자대학교에서 여성학으로 석사학위를 받았다. 아하!청소년 성교육 프로그램 센터의 교육 프로그램 팀 매니저로 일하면서 캠프, 축제, 청소년 클럽 등과 같은 성교육 프로그램 활동을 개발하고 있다. 성교육 전문가 양성 프로그램 개발에도 참여하고 있다.

우리들의 목소리 1

아시아 페미니즘과 여성 운동의 현장

펴낸날 초판 1쇄 2015년 1월 7일
기획 이화여자대학교 아시아여성학센터
엮은이 장필화 · 이명선
펴낸이 김훈순
펴낸곳 이화여자대학교출판부
주소 서울특별시 서대문구 이화여대길 52(우120-750)
등록 1954년 7월 6일 제9-61호
전화 02) 3277-2965(편집), 02) 362-6076(마케팅)
팩스 02) 312-4312
전자우편 press@ewha.ac.kr
홈페이지 www.ewhapress.com
찍은곳 한영문화사

ISBN 979-11-85909-14-1 94330
979-11-85909-13-4 (세트)
값 16,000원

* 잘못된 책은 바꾸어 드립니다.

이 도서의 국립중앙도서관 출판시도서목록(CIP)은 서지정보유통지원시스템 홈페이지(http://seoji.nl.go.kr)와 국가자료공동목록시스템(http://www.nl.go.kr/kolisnet)에서 이용하실 수 있습니다.(CIP제어번호: CIP2014037587)